# 互联网时代：
# 餐厅经营应该这样做

杨一然 著

清华大学出版社
北京

## 内 容 简 介

现在这个时间段，比起稳定的工作，好像更多的人都愿意创业。而在众多的行业当中，门槛较低的餐饮行业成了涌入人群最多的行业之一。但是，餐饮行业没有那么简单，为了帮助众多餐饮"小白"能够顺利且快速地开店，本书介绍了开设餐饮门店所需要做的准备，包括心理准备以及相应的知识储备。

书中集合了笔者大量实践得来的经验、知识，以及方式、方法，具有实际意义和参考价值，能够帮助读者在实际情景当中做出更有利的决定。另外，本书围绕着开设餐厅的时间线，对经营管理进行讲解。

最关键的是，本书通过情景告诉创业者如何进行心态的管理，因为很多时候影响门店经营的正是自我的心态。

希望本书能为即将从事餐饮行业的工作人员普及一些基础知识，同时为已经从事餐饮行业的人提供一些参考性的意见。

本书封面贴有清华大学出版社防伪标签，无标签者不得销售。

版权所有，侵权必究。举报：010-62782989，beiqinquan@tup.tsinghua.edu.cn。

图书在版编目（CIP）数据

互联网时代：餐厅经营应该这样做 / 杨一然著. —北京：清华大学出版社，2021.6
ISBN 978-7-302-57473-6

Ⅰ.①互… Ⅱ.①杨… Ⅲ.①餐馆－经营管理 Ⅳ.①F719.3

中国版本图书馆CIP数据核字(2021)第022706号

责任编辑：张立红
封面设计：梁　洁
版式设计：方加青
责任校对：赵伟玉
责任印制：刘海龙

出版发行：清华大学出版社
网　　址：http://www.tup.com.cn, http://www.wqbook.com
地　　址：北京清华大学学研大厦A座　　　邮　编：100084
社 总 机：010-62770175　　　　　　　　　邮　购：010-62786544
投稿与读者服务：010-62776969, c-service@tup.tsinghua.edu.cn
质 量 反 馈：010-62772015, zhiliang@tup.tsinghua.edu.cn

印 装 者：三河市中晟雅豪印务有限公司
经　　销：全国新华书店
开　　本：170mm×240mm　　印　张：14.5　　字　数：213千字
版　　次：2021年7月第1版　　印　次：2021年7月第1次印刷
定　　价：65.00元

产品编号：086936-01

# 前言

你是否已经厌倦了平平凡凡的上下班，厌倦了拿一份普普通通的工资？而看到街上一家家的餐饮店铺，生意如火如荼，好似日进斗金，于是乎，创业，开一家属于自己的餐饮店，便成了你心中所想最多的事情。

我也有这样的想法。本书记录了我从最初的构思，到真正去付诸实践这一路上看到的、遇到的、想到的，再到后来终于真正有了一家属于自己的店的经历。虽然过程有些坎坷，但最后餐厅经营得红红火火。在这个过程中，有许多问题值得思考和分享。

所以，我希望把自己所遇到的难题、困惑，还有所得的一些经验与技巧，分享给同我一样想要进行餐饮创业的读者。

餐饮看似是一个门槛很低的行业，其实它的水很深，如果你没有真正地踏进去，你很难想象需要付出多大的努力，经历多少辛酸。

我是一个年轻创业者，但接触餐饮业已经10年多了，开过奶茶店，也进过餐饮店，现在经营着一家简餐餐馆，6年了。

一路过来，餐饮业的变化着实不小。10年以前，资本市场没有盯上餐饮这块蛋糕，还没有"百团"大战，更没有外卖平台。生意好的店天天生意好，而且往往一好就是许多年。

2010年，有了美团、糯米等团购，各大资本进军餐饮行业，开启餐饮O2O时代。同时期，线下零售业受到电商冲击，海量人群纷纷转行涌入餐饮行业，具有影响力的大品牌、明星、个人跨行做餐饮，对原来的餐饮业形成不小的冲击。不久，出现了外卖平台这个资本运作下的"吸血鬼"，斥巨资培养出了人们用手机订餐的习惯。

上述是线上的纬度，我们再看看线下。各大资本涌入之后，餐饮行业从原来的酒香不怕巷子深，慢慢发展成今天注重营销和运营的模式。利用餐饮智能系统、网络平台、网络媒体等方式想方设法打造的"网红餐饮"多如雨后春笋。在这个过程中，确实有一大批餐厅因为"网红"而红火，但也有在一阵风之后落地的。这个时代算是"餐饮2.0"时代了。

这两年，餐饮确实不太景气，应该说是国内的消费端疲软了，不过还是有一些机会可以寻找的。

希望本书能对那些想进行餐饮创业的读者有一定的帮助，并且能给已经踏入餐饮行业的读者提供一些新的思路。

# 目录

## 第1章 你做好准备了吗? ...... 1

### 1.1 餐饮创业四要素 ...... 2
- 1.1.1 光有热情不行 ...... 2
- 1.1.2 热爱同样重要 ...... 2
- 1.1.3 做餐饮所需的一点天赋 ...... 3
- 1.1.4 餐饮人的自我约束 ...... 3
- 1.1.5 故事:我是怎么进入餐饮行业的? ...... 3

### 1.2 什么样的经营方式更合适? ...... 4
- 1.2.1 餐饮真的有这么暴利吗? ...... 4
- 1.2.2 加盟就一定好吗? ...... 5
- 1.2.3 加盟考察的要点 ...... 6
- 1.2.4 故事:我的加盟经历 ...... 7

### 1.3 餐饮创业的风险 ...... 8
- 1.3.1 现在的餐饮环境 ...... 8
- 1.3.2 新手创业的选择 ...... 10
- 1.3.3 观察当地的餐饮市场 ...... 10
- 1.3.4 要有止损的心理准备 ...... 11
- 1.3.5 故事:初次失败的经验总结 ...... 11

### 1.4 如何分配使用创业资金? ...... 12
- 1.4.1 门店最初的投入 ...... 12
- 1.4.2 适当使用"二手货" ...... 13

1.4.3 借钱开店的利弊 ·········· 14
1.4.4 故事：朋友的"跨界"亏损 ·········· 15
1.5 厨房和前厅，你更能胜任哪项？ ·········· 16
1.5.1 厨房与前厅的功能 ·········· 16
1.5.2 需要具备的基础知识 ·········· 16
1.5.3 适合自己的区域 ·········· 18
1.5.4 故事：我选择的区域与工作实习 ·········· 19

# 第2章 选址与细分品类 ·········· 20

2.1 为什么是先选址？ ·········· 21
2.1.1 选址的重要性 ·········· 21
2.1.2 选址的基本要素 ·········· 21
2.1.3 故事：身边人餐饮选址的错误 ·········· 23
2.2 客流调查 ·········· 24
2.2.1 客流总量调查 ·········· 24
2.2.2 目标客流调查 ·········· 24
2.2.3 故事：我第二次创业的选址与调研 ·········· 26
2.3 运用数据分析，选择细分品类 ·········· 27
2.3.1 数据的梳理和分析 ·········· 27
2.3.2 选择细分品类 ·········· 29
2.3.3 故事：我选择的细分品类 ·········· 30
2.4 品类商圈饱和度调查 ·········· 31
2.4.1 什么是品类商圈饱和度？ ·········· 31
2.4.2 饱和度所反映的现象 ·········· 31
2.4.3 怎样调查同品类饱和度？ ·········· 32
2.4.4 故事：我选品类的商圈饱和度 ·········· 33
2.5 竞争对手的生意为什么这么好？ ·········· 33
2.5.1 分析竞争对手的优势 ·········· 33
2.5.2 如何利用竞争门店的不足？ ·········· 35

|  |  |  |
|---|---|---|
| | 2.5.3 故事：我的竞争门店调查 | 36 |
| 2.6 | 消费场景匹配度 | 36 |
| | 2.6.1 什么是消费场景？ | 37 |
| | 2.6.2 消费场景的匹配与利用 | 37 |
| | 2.6.3 故事：我为门店增加的消费场景 | 39 |

# 第3章 转让 — 40

## 3.1 别扭的转让费 — 41
- 3.1.1 转让费的由来 — 41
- 3.1.2 转让费的分配 — 43
- 3.1.3 转让费的合理区间 — 43
- 3.1.4 故事：我的门店转让费 — 44

## 3.2 见房东 — 45
- 3.2.1 见房东的必要性 — 45
- 3.2.2 遇见二房东怎么办？ — 46
- 3.2.3 历史遗留问题 — 46
- 3.2.4 故事：我遭遇的房东 — 47

## 3.3 查看房屋 — 48
- 3.3.1 是否能做餐饮？ — 48
- 3.3.2 房屋基本情况 — 49
- 3.3.3 店内装修情况及设备的检查 — 50
- 3.3.4 故事：掉了一回坑 — 50

## 3.4 签订合同的注意事项 — 51
- 3.4.1 转让合同注意事项 — 51
- 3.4.2 商铺租赁合同的注意事项 — 52
- 3.4.3 故事：我与房东的纠葛 — 53

# 第4章 前期准备 — 55

## 4.1 开张预算 — 56
- 4.1.1 预估营业额 — 56

4.1.2　预算的控制方向 ················································· 57
　　4.1.3　故事：我的营业额预估与预算 ································· 58
4.2　一个好听易记的名字 ······················································ 59
　　4.2.1　店名的重要性 ····················································· 59
　　4.2.2　取名的方式 ························································ 59
　　4.2.3　门店起名的注意事项 ············································ 61
　　4.2.4　故事：我的店名 ·················································· 61
4.3　店铺的经营模式 ··························································· 62
　　4.3.1　什么是经营模式？ ················································ 62
　　4.3.2　选择怎样的经营模式？ ·········································· 62
4.4　如果合伙，需要注意什么？ ············································· 65
　　4.4.1　看人 ·································································· 65
　　4.4.2　股份分配 ··························································· 66
　　4.4.3　先小人后君子 ····················································· 67
　　4.4.4　故事：我与我的合伙人 ·········································· 68

# 第5章　装修 ··········································································· 69

5.1　设计 ········································································· 70
　　5.1.1　设计的必要性 ····················································· 70
　　5.1.2　logo设计 ··························································· 71
　　5.1.3　软装 ································································· 71
　　5.1.4　故事：我的门店设计之初 ······································· 72
5.2　风格的确定 ································································· 73
　　5.2.1　风格的决定因素 ·················································· 73
　　5.2.2　举例：火锅 ························································ 73
　　5.2.3　故事：我的风格 ·················································· 74
5.3　设备与器材的采购和定制 ················································ 76
　　5.3.1　采购时间点 ························································ 76
　　5.3.2　采购提前 ··························································· 76

  5.3.3 设备器材的注意事项 ·········· 77
  5.3.4 故事：我选择的设备器材 ·········· 78
 5.4 厨房的装修设计要点 ·········· 78
  5.4.1 厨房也需要设计 ·········· 78
  5.4.2 布局要点分析 ·········· 78
  5.4.3 故事：我的厨房布局 ·········· 80
 5.5 前厅装修 ·········· 81
  5.5.1 装修布局要点 ·········· 81
  5.5.2 顾客使用区域规范 ·········· 82
  5.5.3 故事：我的前厅布局 ·········· 83
 5.6 门头装修设计要点 ·········· 83
  5.6.1 需要表达的要点 ·········· 83
  5.6.2 创意的使用手法 ·········· 84
  5.6.3 注意事项 ·········· 85
  5.6.4 故事：我的门头 ·········· 86
 5.7 餐饮淡旺季与工期预估 ·········· 87
  5.7.1 餐饮淡旺季 ·········· 87
  5.7.2 工期预估 ·········· 88
  5.7.3 故事：我的工期 ·········· 88

# 第 6 章 员工管理 ·········· 90

 6.1 员工招聘 ·········· 91
  6.1.1 餐饮用人现状 ·········· 91
  6.1.2 人员招聘的方法 ·········· 92
  6.1.3 人员招聘的途径 ·········· 94
  6.1.4 故事：我的招聘 ·········· 94
 6.2 应聘筛选 ·········· 95
  6.2.1 了解怎样的人适合门店 ·········· 95
  6.2.2 筛选方法 ·········· 97

         6.2.3　故事：我的应聘者 ·················································· 98
　　6.3　岗位培训 ······························································· 99
         6.3.1　岗位培训的必要 ···················································· 99
         6.3.2　培训的步骤 ······················································· 100
         6.3.3　故事：我的培训 ··················································· 103
　　6.4　前期工作分配 ························································· 104
         6.4.1　确定菜单 ························································· 104
         6.4.2　寻找供货商 ······················································· 106
         6.4.3　前期推广 ························································· 107
         6.4.4　故事：我的前期工作 ··············································· 107

# 第7章　办理手续 ····························································· 109
　　7.1　营业执照 ······························································ 110
         7.1.1　办理营业执照的手续 ··············································· 110
         7.1.2　办理顺序 ························································· 111
         7.1.3　故事：我的营业执照小插曲 ········································· 112
　　7.2　食品经营许可证 ······················································· 113
         7.2.1　食品经营许可证的材料 ············································· 113
         7.2.2　现场勘查 ························································· 113
         7.2.3　故事：我的现场勘查 ··············································· 115
　　7.3　健康证 ································································ 116
         7.3.1　健康证的办理 ····················································· 116
         7.3.2　门店健康管理意识 ················································· 116
         7.3.3　增强健康管理的好处 ··············································· 117
         7.3.4　故事：我的健康证 ················································· 118

# 第8章　试营业 ································································ 119
　　8.1　不大肆推广，试营业适当做活动 ······································· 120
         8.1.1　试营业到底是为了什么？············································ 120
         8.1.2　试营业的时间长短 ················································· 121

        8.1.3　故事：我试营业的第一天 ································ 122
　　8.2　管控品质 ························································· 123
        8.2.1　原料管控 ······················································· 123
        8.2.2　菜品管控 ······················································· 125
        8.2.3　故事：值得欣慰的事 ······································ 125
　　8.3　管控人员服务 ·················································· 126
        8.3.1　服务人员心理建设 ········································· 126
        8.3.2　服务标准的设定与服务技能的提升 ················ 127
        8.3.3　故事：灵活运用服务技巧 ······························ 128
　　8.4　管控卫生 ························································· 129
        8.4.1　厨房卫生的管控 ············································· 129
        8.4.2　前厅卫生的管控 ············································· 132
        8.4.3　故事：夏天的威力 ········································· 133
　　8.5　关注经营数据，收集顾客反馈 ························· 134
        8.5.1　整理经验数据 ················································· 134
        8.5.2　收集顾客反馈 ················································· 137
        8.5.3　故事：我的问卷调查 ······································ 138

# 第 9 章　正式开业 ································································ **139**

　　9.1　开始推广，扩大客群 ······································· 140
        9.1.1　推广活动 ························································· 140
        9.1.2　推广渠道 ························································· 141
        9.1.3　故事：我的推广 ············································· 143
　　9.2　让新客成为回头客 ··········································· 143
        9.2.1　回头客的重要性 ············································· 143
        9.2.2　如何让新客成为回头客？ ······························ 144
        9.2.3　维护回头客 ······················································ 145
        9.2.4　故事：靠回头客做起来的门店 ······················ 145

9.3 打造细节 ········································································· 146
    9.3.1 何为打造细节？ ························································· 146
    9.3.2 怎样打造细节？ ························································· 147
    9.3.3 故事：我所注重的细节 ················································· 149
9.4 注重心态，保持平稳 ························································· 149
    9.4.1 门店经营数据变化 ······················································· 149
    9.4.2 创业至今的心态变化 ···················································· 150
    9.4.3 保持平和心态 ···························································· 151
    9.4.4 故事：我的心态波动 ···················································· 152

# 第 10 章 门店常用的营销手段 ················································ 153

10.1 节日营销 ······································································· 154
    10.1.1 节日营销的特点 ······················································· 154
    10.1.2 节日营销的方法 ······················································· 155
    10.1.3 故事：快乐的儿童节 ················································· 156
10.2 社群营销 ······································································· 157
    10.2.1 定位与转化 ····························································· 157
    10.2.2 管理运营 ································································ 158
    10.2.3 故事：我的小办法 ···················································· 160
10.3 利用软件平台精准营销 ···················································· 161
    10.3.1 顾客画像 ································································ 161
    10.3.2 交易分布 ································································ 163
    10.3.3 故事：我的平台营销 ················································· 164
10.4 慎用低价营销 ································································· 164
    10.4.1 低价营销的作用 ······················································· 164
    10.4.2 低价营销的优缺点 ···················································· 165
    10.4.3 故事：陷入低价陷阱的同行 ········································ 167
10.5 话题营销，打造网红效应 ················································· 167
    10.5.1 话题营销的特点 ······················································· 168

       10.5.2　话题营销的方式⋯⋯⋯⋯⋯⋯⋯⋯⋯⋯⋯⋯⋯⋯⋯⋯⋯⋯169
       10.5.3　故事：蹭一波热度⋯⋯⋯⋯⋯⋯⋯⋯⋯⋯⋯⋯⋯⋯⋯⋯⋯170

# 第 11 章　面对困难 ⋯⋯⋯⋯⋯⋯⋯⋯⋯⋯⋯⋯⋯⋯⋯⋯⋯⋯⋯⋯⋯⋯⋯**171**

  11.1　为何人气下滑？⋯⋯⋯⋯⋯⋯⋯⋯⋯⋯⋯⋯⋯⋯⋯⋯⋯⋯⋯⋯⋯172
       11.1.1　门店内部原因⋯⋯⋯⋯⋯⋯⋯⋯⋯⋯⋯⋯⋯⋯⋯⋯⋯⋯⋯172
       11.1.2　周期性因素⋯⋯⋯⋯⋯⋯⋯⋯⋯⋯⋯⋯⋯⋯⋯⋯⋯⋯⋯⋯172
       11.1.3　外部环境变化⋯⋯⋯⋯⋯⋯⋯⋯⋯⋯⋯⋯⋯⋯⋯⋯⋯⋯⋯173
       11.1.4　故事：双重夹击⋯⋯⋯⋯⋯⋯⋯⋯⋯⋯⋯⋯⋯⋯⋯⋯⋯⋯175
  11.2　应对策略⋯⋯⋯⋯⋯⋯⋯⋯⋯⋯⋯⋯⋯⋯⋯⋯⋯⋯⋯⋯⋯⋯⋯175
       11.2.1　端正心态⋯⋯⋯⋯⋯⋯⋯⋯⋯⋯⋯⋯⋯⋯⋯⋯⋯⋯⋯⋯⋯175
       11.2.2　分析经营人气下滑的方法⋯⋯⋯⋯⋯⋯⋯⋯⋯⋯⋯⋯⋯⋯176
       11.2.3　经营调整⋯⋯⋯⋯⋯⋯⋯⋯⋯⋯⋯⋯⋯⋯⋯⋯⋯⋯⋯⋯⋯177
       11.2.4　故事：我的调整⋯⋯⋯⋯⋯⋯⋯⋯⋯⋯⋯⋯⋯⋯⋯⋯⋯⋯178
  11.3　做好硬实力，靠口碑留客⋯⋯⋯⋯⋯⋯⋯⋯⋯⋯⋯⋯⋯⋯⋯⋯179
       11.3.1　产品是重中之重⋯⋯⋯⋯⋯⋯⋯⋯⋯⋯⋯⋯⋯⋯⋯⋯⋯⋯179
       11.3.2　尝鲜顾客的回头⋯⋯⋯⋯⋯⋯⋯⋯⋯⋯⋯⋯⋯⋯⋯⋯⋯⋯180
       11.3.3　差异化的基础⋯⋯⋯⋯⋯⋯⋯⋯⋯⋯⋯⋯⋯⋯⋯⋯⋯⋯⋯180
       11.3.4　故事：老店的魅力⋯⋯⋯⋯⋯⋯⋯⋯⋯⋯⋯⋯⋯⋯⋯⋯⋯180

# 第 12 章　外卖平台 ⋯⋯⋯⋯⋯⋯⋯⋯⋯⋯⋯⋯⋯⋯⋯⋯⋯⋯⋯⋯⋯⋯⋯**182**

  12.1　外卖平台简介⋯⋯⋯⋯⋯⋯⋯⋯⋯⋯⋯⋯⋯⋯⋯⋯⋯⋯⋯⋯⋯183
       12.1.1　浅析外卖平台⋯⋯⋯⋯⋯⋯⋯⋯⋯⋯⋯⋯⋯⋯⋯⋯⋯⋯⋯183
       12.2.2　外卖平台的规则逻辑⋯⋯⋯⋯⋯⋯⋯⋯⋯⋯⋯⋯⋯⋯⋯⋯184
       12.1.3　故事：初次接触外卖平台⋯⋯⋯⋯⋯⋯⋯⋯⋯⋯⋯⋯⋯⋯186
  12.2　外卖与堂食的不同⋯⋯⋯⋯⋯⋯⋯⋯⋯⋯⋯⋯⋯⋯⋯⋯⋯⋯⋯186
       12.2.1　经营策略⋯⋯⋯⋯⋯⋯⋯⋯⋯⋯⋯⋯⋯⋯⋯⋯⋯⋯⋯⋯⋯186
       12.2.2　客群差异⋯⋯⋯⋯⋯⋯⋯⋯⋯⋯⋯⋯⋯⋯⋯⋯⋯⋯⋯⋯⋯187
       12.2.3　定价区别⋯⋯⋯⋯⋯⋯⋯⋯⋯⋯⋯⋯⋯⋯⋯⋯⋯⋯⋯⋯⋯188
       12.2.4　菜单区别⋯⋯⋯⋯⋯⋯⋯⋯⋯⋯⋯⋯⋯⋯⋯⋯⋯⋯⋯⋯⋯189

12.2.5　故事：初步起航 ······················································ 190

### 12.3　外卖平台的注意事项 ·················································· 190
12.3.1　新店特权 ································································ 191
12.3.2　评价管理 ································································ 191
12.3.3　退款处理 ································································ 192
12.3.4　爆单预期及处理 ························································ 193
12.3.5　竞价排名使用 ···························································· 193
12.3.6　故事：评价的威力 ······················································ 194

### 12.4　外卖包装 ································································ 194
12.4.1　包装设计 ································································ 194
12.4.2　包装的材质 ······························································ 196
12.4.3　包装的成本控制 ························································ 196
12.4.4　故事：我的包装设计 ···················································· 197

### 12.5　关于外卖平台的一些看法 ·············································· 198
12.5.1　平台发展趋势 ···························································· 198
12.5.2　紧跟平台政策和活动 ···················································· 199
12.5.3　商家如何应对？·························································· 200
12.5.4　故事：厨房改造 ························································ 200

## 第13章　走得更高更远 ·················································· 202

### 13.1　要有做百年老店的理想 ················································ 203
13.1.1　成为"百年老店"的因素 ············································· 203
13.1.2　拒绝浮躁 ································································ 204
13.1.3　匠心独具 ································································ 205
13.1.4　故事：一份鸡柳坚持20年 ·············································· 205

### 13.2　多出去走走看看 ························································ 206
13.2.1　擅于观察 ································································ 206
13.2.2　要有创新意识 ···························································· 207
13.2.3　故事：同行的崛起 ······················································ 209

## 13.3 保持商业嗅觉 · · · · · · 210
### 13.3.1 观察/考察消费热点 · · · · · · 210
### 13.3.2 预估门店经营 · · · · · · 211
### 13.3.3 故事：创业之前 · · · · · · 212
## 13.4 有一颗积极进取的心 · · · · · · 212
### 13.4.1 学会调整 · · · · · · 213
### 13.4.2 逆境使人成熟 · · · · · · 213
### 13.4.3 有计划，不拖沓 · · · · · · 213

# 结束语 · · · · · · 215

# 第1章 你做好准备了吗?

创业从来不是一件简单的事,在正式去做之前,必须先审视自己,有没有心思和能力,有没有时间与金钱。调整好自己的心态,静下心多问问自己,会发现很多看不到的问题。

## 1.1 餐饮创业四要素

首先我们要知道，不管做什么事情，想要做好，都少不了热情，因为这是支撑你持续做下去的基础，否则你就会因为枯燥或者无法给你带来足够的利益而难以继续。那么，餐饮业中有这样一股子热情就可以成功创业吗？

### 1.1.1 光有热情不行

开始餐饮创业，很多人脑子一热，撸起袖子就开干了，这时候的决策常常是盲目的，而在遭遇了一些困难或挫折之后，便又马上没有了信心……我想，你在身边看看，就能发现很多例子。这便是因为前期没有认真的思考和充分的调查，后期又没有足够的耐心和坚韧的毅力去改善现状。

的确，做餐饮需要热情，但是"脑子一热"的这种蛮劲，却又是创业者不提倡的，因为往往在这个时候你有的只是那一腔热血，并没有真正对整个行业有深入而全面的理解。我们必须站在客观的角度对各种可能产生影响的因素进行分析，比如，你的选址适合做什么样的品类、周围的消费人群是什么样的消费档次，同时心态也得调整好，然后再创业，成功率才会更高。

### 1.1.2 热爱同样重要

除了需要热情，对餐饮的热爱和坚持也是必不可少的。很多人不知道热情和热爱的区别是什么：餐饮能带来利益，所以很多人对餐饮有很高的热情；而热爱却是抛开这份利益之外的一种更纯粹的情感，它可以令你在餐饮的道路上走得更高、更远。我身边的一些从事餐饮多年的朋友，以及一些餐饮名厨、大师，他们无一不是对餐饮有执着的热爱，这种热爱让他们能够在这一领域发光发热。

### 1.1.3 做餐饮所需的一点天赋

另外,做餐饮也确实是需要一点天赋的。你的审美、素质、味觉等都与餐厅的环境、服务品质以及整个口味息息相关,所以,自己的整体能力也是非常关键的,特别是在口味方面,自己的挑剔程度决定了食物口味好坏的上限。换而言之,想做好餐饮必须让自己成为一个"吃货",因为在整个创业过程中,自己要亲自品尝,要了解时代的潮流和竞争对手的情况,这些都是非常有必要的。

### 1.1.4 餐饮人的自我约束

最后一点,成为餐饮人需要对自己有一份约束,那便是不要只顾着眼前的蝇头小利,不能以次充好、滥用添加。在我们心中必须有一杆秤,食品安全永远都得放在第一位,因为在今后的餐饮发展当中,容错率会越来越低,负面新闻一旦被曝光,那几乎是致命性的。

如果以上的条件你都具备了,特别是对餐饮有执着的热爱,并且能够一直坚持下去,我想你创业的成功率会比其他人更高!

### 1.1.5 故事:我是怎么进入餐饮行业的?

再来说一说我自己,从任何一个角度来说,我都算得上是一个正宗的吃货,每每看到新的餐饮店开张,必然有我的身影。在享受美食的同时,我有时也会和老板们聊一聊,这也让当时懵懂的我渐渐对餐饮业有了一个大概的了解。

然而,真正让我产生餐饮创业想法,还是在2013年。当时,我去寻找兼职。转了一圈,到了一家位于医院边上的快餐厅。他们店里炒菜、煲仔饭、汤粥都有。就是这样简简单单的两间门面的小店,一到中午,店里店外都是人。我当时一算:"人均15元,一天150~200人,营业额得有快3 000元了呀!菜才值几个钱,那还不挣发了?妥妥的年入百万元啊!我也得搞一个!"

经过这个刺激，一个餐饮创业的计划就慢慢在我脑中生根了。后来我才知道，我还是太年轻……但我是一个只有三分钟热度的人，每当我想做一件新鲜的事，开始总会做得有模有样，但没过多久就坚持不下去了。以前因为这样，我吃了不少亏，所以在餐饮创业之初，我就问自己：

"我真的想做这件事吗？"

"我能够把这件事做好吗？"

"我能够坚持下去吗？"

在反复确认之后，我发现，这一次，不管是自己的决心，还是与此同时所做的准备工作，我都比以往任何一次更加坚定。我告诉自己，一定得把这件事做漂亮！就算以后遇见困难，也不能轻易放弃，因为这是我自己选择的路。

于是乎，我就开始想我应该做什么。

## 1.2 什么样的经营方式更合适？

一份菜品，动辄几十元、上百元的标价；一杯奶茶的毛利率高达90%；时常会看到有些餐厅异常火爆，不排队根本吃不到。这一切不免让很多人觉得餐饮真的是一个非常暴利的行业，能让人排着队送钱，其实这只是错觉。

### 1.2.1 餐饮真的有这么暴利吗？

显然是没有的。首先我们讲一下利润的构成。如图1-1所示，餐厅产品卖出去之后，得到的营业额将包括房租成本、材料成本、税金、人工成本、水电气成本、固定资产折旧，以及经营管理成本。利润并不是之前我们所想的"所卖即所得"。在现如今的餐饮业，净利润能保持在15%~20%，已经是非常不错的了。现在的房租、人工、材料都在不断涨高，可产品的售价却不能再提高了，这就造成了利润会被更多地挤压。以前我所憧憬的"年入百万元"，也就是比工资多一些罢了，但付出却是异常辛苦的。

那为什么现在很多餐饮店的价格上不去？因为竞争太激烈了，大部分品类都已经供大于求，甚至出现多种连锁店。同样是一个品类的餐饮店，你和拥有完整连锁体系的门店竞争，竞争力肯定是比较弱的。它们有一套完整的供应链，加上分店的规模效益，可以用更低的价格拿到原料，同时各环节的精细化程度高，也有研发实力和市场营销的方法，这时候我们中小餐饮想要与之竞争，必须发挥我们的优势，之后我会详细讲解。

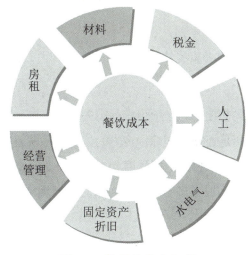

图1-1　餐饮的成本组成

## 1.2.2　加盟就一定好吗？

"自己没有基础，如果不能自创，选择加盟店，会不会是一个更好的选择？"有人会这样问。的确，从表面上看，加盟餐饮有许多好处。有的号称全面扶持、零基础、帮选址、全店输出等等。对于没有接触过餐饮的人，用连锁加盟这种模式来经营是有一定优势的。因为选择加盟，有强大的可复制性，能把加盟者的个人能力发挥到极致，从而增加"活下来"的可能性。

问题就在于，现在的餐饮连锁加盟公司鱼龙混杂，80%是靠加盟圈钱的。很多没有经验的"小白"只从公司外观和项目包装根本无法辨别它的好坏。而加盟商为了挣加盟费，随便包装一个加盟项目，完全不管后期的运营和维护，拿完钱之后就撒手不管，转而做其他项目去了，而"小白"加盟后只能听天由命了。

当然，如果是大品牌，或靠谱的公司，还是可以考虑的。这一类公司相对来说门槛会比较高，有的对城市区域、人流属性等也会有硬性标准。不要迷信"老少皆宜""从迷你店到旗舰店""零基础轻松开店"等忽悠人的广告词，要知道一个餐饮项目从一开始就必须明确市场主体和定位，同时对加盟者自身也会有一定的要求。

### 1.2.3　加盟考察的要点

如果选择加盟，就要考察餐饮连锁加盟公司的能力，这是比较关键的。

**1．示范店**

餐饮连锁加盟公司想要把一个项目推行出去，得有自己的示范店，而且往往不止一家。这些示范店是连锁公司综合实力的体现。可以通过考察示范店来评价一个餐饮连锁公司对自身项目的把握程度和可靠能力。但要注意，除了公司人员陪同之外，最好再分时间段去多看几次，可以更清晰地掌握示范店的信息。

**2．培训能力**

培训能力直接关系到以后加盟店的服务及产品的质量上限，一般来说，餐饮连锁加盟公司会把在示范店里已经成功的餐饮模式以及运营系统完整地复制到加盟店上去，并且把相应的操作和管理能力教给加盟者。这在很大程度上增强了加盟者的可操作性。

**3．产品研发能力**

产品研发能力是判断餐饮连锁加盟公司能力的关键指标之一，因为加盟店所用的原材料都必须来自加盟公司，所以，加盟公司只有不断开发新的产品和服务，才能让旗下的加盟店不断迭代，让顾客保持对品牌的新鲜感，从而使加盟店和餐饮连锁加盟公司获得稳定的市场增长。

**4．供应链稳定性**

餐饮连锁加盟公司一般都会有自己的原材料供应基地或者供应商，以及属于自己的物流体系。但是怎样把这些原材料快速准时地送达每一家加盟店，是非常关键的。如果经常缺货，或送货延迟，对于加盟店的正常营业是有影响的。

**5. 市场营销能力**

市场营销能力其实就是指餐饮连锁加盟公司如何扩大自己的品牌影响力，因为对于餐饮加盟来说，品牌影响力的大小直接影响餐饮加盟公司的招商力度，并且这对于具体的加盟商来说也是有正面影响的。大品牌的公司能放在广告、推广上的资源会更多，和其他平台联合的时候拥有更高的议价权，这就是大家耳熟能详的一些连锁品牌往往会比一些小品牌生意更好的原因。

**6. 对加盟店后期的定期指导**

除了对加盟店的初期培训，后期的定期指导也是非常关键的。一般餐饮连锁加盟公司在各个区域会配备督导，对加盟商定期进行巡回检查和指导，以确保加盟店按照餐饮连锁加盟公司的标准进行经营和操作（一般在加盟时会要求缴纳加盟保证金），这对双方都是有利的，同时这也是加盟公司采集第一线经营数据的重要方式。

能做好以上六点的，就算是比较靠谱的餐饮连锁加盟公司了。

如果不想加盟，只是一心想有一家属于自己的店，当然也可以，不过还是得多做一点功课，可以先从看完这本书开始。

### 1.2.4　故事：我的加盟经历

当我还是"小白"时，打算选择加盟一个餐饮品牌开始创业，但是……加盟啥呢？加盟哪家呢？我琢磨了半天，又去街上逛了好久，发现街上有几家奶茶店，生意都很好。要知道，在2013年，奶茶店还远远没有现在这么多。我认为，这个机会还是很好的（或许我自己喜欢喝奶茶也是原因之一）。

于是我开始在网上搜集资料，包括奶茶加盟公司和奶茶的基本知识。一段时间之后，我锁定了一家加盟公司，它恰巧也是我们当地几家连锁奶茶店的母公司，这使我感到很欣慰，因为当地这几家奶茶店生意都很不错。

与业务员交谈了一番之后，我发现加盟费及其他资金需求比我的资金要高一些，但想到我们当地那几家奶茶店的销量和利润，我又不免心中一阵悸动，所以又叫上了另一个有意向的伙伴，打算先去考察一番。

当我和伙伴到达公司之后，以当时的眼光审视下来，这家公司不论是产品还是培训、服务和后续的指导，都是比较优秀的，所以我们商量之后，就兴冲冲地加盟了他们的最新品牌，还把我们当地的区域代理给拿下了，打算在之后的日子里大展拳脚。

加盟初期在公司学习、培训的那段时间，给我带来了不小的冲击。我学到了很多东西，虽然仅仅是关于奶茶方面的知识，但一通百通，一瞬间就理解了很多以前不曾理解的东西，这也使我慢慢摆脱了"小白"的头衔。

但培训归来之后，我却一时找不到合适的店铺，这让我们着了急。本想着，店铺应该随时会有，可直到三个月之后，我们才勉强盘下了一家。

当然现实永远不会像你所想的那般顺利，店铺开业之后，仅仅红火了半年，更强大的竞争对手就全面进入了当地，不管是商场、电影院，还是商业街拐角，到处可以看得到它的身影。这让我们倍感压力，还没来得及完成代理的分店任务，便只能草草收场。

虽然加盟不能一劳永逸，但是，我和伙伴并不是一无所获，这为之后我能自己创立属于自己的餐厅提供了非常丰富的经验和实践基础。

## 1.3　餐饮创业的风险

餐饮表面上是刚需行业，貌似只要好吃不贵就不愁没有生意，但是在众多的市场需求之下，也隐藏着许多不为人知的风险，对想要进入和已经进入这一行业的创业者提出了很高的要求。

### 1.3.1　现在的餐饮环境

从整个市场来看，餐饮的消费总额在2017年已经突破了40 000亿元大关，增长迅猛（如图1-2所示），可以称得上是一个超级蛋糕。这么大的市场，现实环境存在着哪些问题呢？

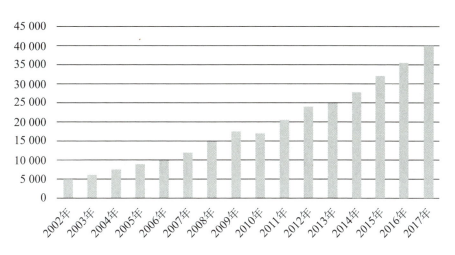

图1-2 2002—2017年餐饮市场收入

从门店端来看，与巨大的开店浪潮同时到来的是餐饮店铺的倒闭率，相比以往几年，这项数据也是高出了一大截，月倒闭率达到10%，年复合倒闭率更是超过100%！你本来看好想去的餐厅，可能还没等你来得及抽空尝试，就已经不开了。在一、二线城市，这种态势更为明显，高昂的房租和人工等支出让许多门店还没来得及"火起来"便无奈地退场了。在如此拥挤的浪潮里，当然也不只有新店受挫，有些开了许多年的老字号也有因为跟不上潮流而关门闭店的。

从消费端来看，由于国内的房价升高，经济增速减慢，许多消费人群相比以往会更加节俭。一些年轻人，除去房贷、交通等必要支出之后，用在消费上的支出会减少，所以在餐饮上的支出也会不可避免地缩减。虽然餐饮的总量在上升，但是不难看出，竞争比以往更加残酷。这种现象在一、二线城市尤其明显，而在三、四线城市则缓和一些。与此同时，消费者的消费观念在很大程度上提升了，也变得更加理性。这又对我们餐饮创业者提出了更高的要求，不仅仅是口味上，而是全方位都要有提升，才能更好地抓住消费者。

从政策端看，政府和市场监督部门对于食品安全与环保越来越重视。无论是线下实体，还是线上平台，对于餐饮的审核与监察抓得越来越严格，这对于市场整体是有正面影响的，但对于我们餐饮创业者，无疑从卫生、服务等各个方面的要求更加苛刻。

### 1.3.2　新手创业的选择

说得如此艰难，是不是餐饮就没办法做了呢？当然不是，但需要对市场有更完整的认识，才能找到机会在哪。

根据各类数据统计，小吃、快餐是增长最快、总量最多的品类。与此同时，饮品店的热度也较往年有很大提升，甜品、火锅等也有较高热度。

我认为小吃、快餐和饮品还是比较适合新手创业的。因为这些品类门槛比较低，投入也比较少，加上又是市场绝对热门的品类，相对而言，风险也更低一些，所以从这些品类下手是比较好的选择。那烘焙、烧烤和火锅等利润率高的品类，为什么不选择呢？那是因为这些相对而言还是需要一定技术经验与资金投入的，风险更高，并不适合新手创业者。

我的建议是，初次餐饮开店，不宜投入过大，更重要的是在过程中不断学习，通过一次次小成本试错来引导门店向好的方向发展。即使失败了，学到的经验也是很宝贵的财富。

有些人也许会问："我想自创餐饮，但对产品一点经验和基础都没有，那该怎么做呢？"这其实并不复杂，现如今网络十分发达，可以通过许多渠道，例如从餐饮论坛、自媒体平台的餐饮达人或者淘宝上获得一些配方、制作工艺等，只要花时间，不断进行改良，一定会获得满意的效果。但有一个原则是必须具备足够的特色，才能有竞争力。

### 1.3.3　观察当地的餐饮市场

所谓一方水土养一方人，这句话在"吃"上体现得尤为突出。每一个地方的人都有其特殊的口味和偏爱，所以我们要想提高门店生存率，必须对当地口味与饮食习惯有一定的了解。

我们可以打听一下当地老字号的门店，最好是当地人自己开的，因为一个地方的口味往往会被老字号的门店记录并且传承下来。一定要自己亲自尝，多尝几家，并且体验当地特有的氛围，包括当地人相处的方式等，让自己融入这个环境当中，才能更好体会当地的食物所形成的文化和影响。

饮食习惯也是很重要的一点。有的地方爱喝汤，有的地方爱吃面……这对于我们餐饮门店的产品线构成是很有借鉴意义的。我们的产品需要有特色，同样也要符合当地人的饮食习惯，这样才能被更多的人接受。当然，如果当地没有固定的口味特性，人口流动比较高，包容性比较强，那可以尝试突出"特色"来吸引新顾客。同时值得注意的是，即使是同一个地区的餐饮习惯，也会根据年龄的不同、人群特性的不同而产生略微的变化。

另外，人口也是其中一个因素。如果你所在地的人口持续流入，那么对开店创业是有正面影响的；反之，人口持续流出，城市乡镇产生空心化，生意则会越来越难做。

### 1.3.4 要有止损的心理准备

从人性的角度出发，我们在刚开始创业的时候，常常会盲目自信，这是许多人的通病，因为面对一个刚刚接触的领域，人们总会本能地想得过于美好。前面也提到过，光有热情是不行的。

前期必须有过硬的心理建设来应对发生的各种状况。生意过于火爆，或过于平淡，都是对个人心理的一种挑战。而且现实中，这种情况往往在两个形态中来回转换，使人筋疲力尽。但更容易发生的情况是你投入了许多精力、资金，最后却没有达到预期的状况，甚至连盈利都没有，这也是你在一开始就必须想到的。如果发生了这种状况，是一直坚持，还是及时止损？一定要快速做出选择。

我的建议是，如果三个月到半年，一直没有盈利，并且即使是做活动，效果也很差，那就得考虑及时止损出兑；如果看得到希望，想要坚持，那也得认真分析自己的不足，重新定位，重新打造产品和门店，让顾客有更好的体验。

### 1.3.5 故事：初次失败的经验总结

我在加盟创业失败之后，便决心依靠自己的力量，开一家餐厅。但在那之前，上一场"战役"的失利，有哪些值得我引以为戒呢？

首先，在品类选择上，没有太大的问题，因为在我初次创业的时间段，奶茶还属于潜力品类，整体市场对于奶茶的需求是呈明显上升趋势的。但正因为是这样，我把前期两个月左右的门店火爆期误归功于自身，忽视了对客户的维护与市场的变动。

要知道，奶茶等饮品类是非常在乎新鲜感的，属于一种冲动性消费。想要维持住一定的复购率，必须从多方面着手，包括会员的持续营销、跟进，新品的不断开发等等。这也是我当初因为欠缺经验而失败的一大原因。

其次，我在生意火爆的初期，总感觉自己是所在区域的第一名，有点飘飘然。就算别的地方新开了奶茶店，我也毫不在意，并没有觉得有什么威胁。但在不知不觉中，营业额却一直在缓缓下降。直到两个月后，三四家同品牌奶茶店开在我周围，使我的营业额骤减80%的时候，我才意识到，原来我是那么天真。那时候我再做新品活动，或大减价，都已经没有什么作用了，最好的选择便是及时止损。当时做出这一决定，我的心情是非常难受的。

市场环境是时刻在变化的，必须多留意最新的信息和市场情况，才能及时做出反应。

## 1.4 如何分配使用创业资金？

任何创业，在初期对于资金都是有需求的，而开餐厅这件事，因为它的特殊性和专业性，开支是超过其他不少行业的。但是这并不会减少人们对餐饮业的热忱，依然有大批的人涌入进来，那么想要有一家自己的餐饮店，资金方面该有怎样的预算安排呢？

### 1.4.1 门店最初的投入

相比普通的上班族，了解餐饮需要投入的时间和精力更多，就拿最平常的小吃店或快餐店来说，最初有转让费、房租两大支出（有时转让费里包括剩余房租）。店铺转租到手后，硬装、软装、设备、服饰、人工、首批包装、首批食材、活动营销等，看似简单，但不管是哪一项，都需要投入大量的人力和资金。从准备到开业，少则几万元，多则几十万元的投入，都是很平常的。

如果资金充足，那在选址和装修上就可以有更好的选择，好的选址往往能带来更多的人流量，而良好的装修也能提高顾客的体验感，从而拉高复购率。但值得注意的是，装修可以亮眼，但不能过分豪华，必须与所选的品类相匹配，同时也得考虑回本时间，不能过长。正常来说，中小型餐饮店的回本时间在8~16个月，投入越小，回本时间越快。

大多数时候我们初期资金是有限的，我们需要在每一个方面都有计划以及预算。"好钢用在刀刃上"，才能将有限资金发挥最大效果。在这一过程中，我们就需要考虑怎样对门店的各项投入进行优化与分配，哪些是不能省的，而哪些又是可有可无的。

在现实中，许多人愿意将自己的餐厅打造成各种"网红"的风格，这其中有一种很强的主观因素。其实，我们更应该考虑的是门店风格与产品本身是不是契合，因为每一种风格都代表一种情怀。而在当下的市场，能单单因为情怀而买单的顾客已经越来越少了，顾客更注重的还是产品本身。只有让产品品质提升，顾客才会不断回购，通过时间沉淀而产生的情怀才是"真爱"。所以，在资金有限的初期，还是应该把侧重点放在和产品相关的投入上，比如厨房设备、菜品研究以及营销等方面。

## 1.4.2 适当使用"二手货"

很多新手创业开店时，会有"新品强迫症"，觉得上一家留下的东西全部不要，要从里到外都是新的。这么做不能说不对，站在顾客心理角度，当然是全新的更好。但是，从商业角度出发，有些用品和设备器具，开张后便存在折旧。

市场上餐饮店换手率很高，造就了餐饮行业二手市场的繁荣。可以在当地的二手市场逛一逛，寻找自己门店可以使用的二手产品。例如桌椅板凳，只要没有明显残缺和破损，磨损较小，整体牢固，与店内风格大体一致就可以。如果要求比较高，也可以稍微装饰一下，如使用桌布、玻璃等进行覆盖装饰。

店内需要用到的装饰品，也完全可以使用二手的，因为不存在使用价值，只起到装饰作用，只要能够达到预期的效果就可以，所以二手产品是比较划算的。

但是与顾客直接接触的物件，如碗、筷、勺子等，则不能使用二手的，第一是因为食品安全问题，第二是可以通过自购的碗、筷、勺子来印制自家的logo进行品牌宣传。

至于与产品有关的设备，如厨房用品、自家主打的特色产品、专用设备，建议使用新品，比如快餐店的核心设备就是炉灶和保温台，面馆的核心设备是煮面炉。因为这些设备直接关系到产品的品质以及出餐效率，所以不能马虎。而通用设备和用品，使用二手产品是没有什么问题的。例如不锈钢操作台、冰柜、冰箱等，只要定期检查、保养、降低维修率即可。

使用二手产品的目的是节约初期资金，降低投资风险，但二手产品的性能和可靠性还是很重要的，不能过分贪便宜。条件允许的话，请了解相关产品，或者咨询买过类似二手产品的亲戚朋友。

### 1.4.3 借钱开店的利弊

初期资金如果非常少，连最基本的支出都无法负担的话，有些创业者可能会选择借钱或者贷款来开店。虽然店开起来了，但后期的一些问题会产生连锁反应，总体来讲是弊大于利的。

**1. 利息问题**

借来的或者贷款来的钱，必定会存在一定利息。如果是正当渠道贷款来的，利率可以承受，那还说得过去。如果是通过透支信用卡、小额贷款平台等高利息渠道的贷款，风险就非常高了，所开的门店必须从一开始就有较好的盈利情况，才能覆盖较高的利息成本。但很多情况下，餐厅往往是初期还没有良好稳定的盈利能力，却还要承受持续的本息以及各项人工等开支，不知不觉拆东墙补西墙，最后没撑到门店稳定，现金流就枯竭、垮掉了。

**2. 负债心理**

在举债开店之后，如果盈利能力不足，资金链由于负债而紧张，那创业者就会产生很大的心理压力，也就是负债感。这会让人觉得消极，没有希望。这时候，需要及时调整心态，同时把注意力放在如何转变门店运营以及产品提升上，当你看到的经营数据逐渐向好时，那么负债感也会逐渐降低或消失。

**3. 给予动力**

俗话说，有压力才有动力，如果债务不多，适当的压力能促使人努力。但如果债务比例过高，稍有不慎，就有可能店没开下去，反而负债一身。所以，不建议举债创业，特别是对新手而言，一步一个脚印更踏实。

### 1.4.4 故事：朋友的"跨界"亏损

之前我有一位开服装店的朋友，跟我抱怨服装生意越来越难做，想看看能不能开一家餐厅试试。我提醒他需要慎重考虑，好好调查学习，但是没多久，他的餐厅就开业了。

我去瞧，地方不错，还不小，品类是轻餐，装修的是20世纪80年代的风格，也充满了"80后"的元素，我问他为什么选择这种风格，他说他觉得顾客应该会喜欢。我跟他说，现在轻餐还是应该偏年轻化，主要消费者是"90后""00后"，要以他们的审美为主，不能太主观。我尝了尝，感觉口味跟大多数轻餐店没有明显的区别，不禁替他捏一把汗。

我问他投资了多少，他说得有50万元，有一多半还是跟银行贷款的。设备采购，用的也是全新产品，多花了不少钱。研究了经营数据，他家店铺的人均消费额在35元，开业一个月，日均营业额只有1200元左右，做活动也不见起色，可见市场并不是很买账，这让他压力很大，特别是还有贷款，总让他睡不着觉。

其实这时候，他必须尽快选择改变，"80后"风格轻餐不行，可以尝试其他品类，或者及时止损。但朋友比较犹豫，想再坚持看看，殊不知人工、水电气、材料、银行利息等成本每天都在消耗现金流。在折磨了两个月后，朋友选择了止损，重新做起了服装。

## 1.5 厨房和前厅，你更能胜任哪项？

开一家餐厅，自己必须在餐厅选择合适的服务岗位，就算是顶着"老板"的头衔，也要时刻有招呼顾客的心态。怎样的服务岗位更加适合自己，要根据自己的情况来选择。

### 1.5.1 厨房与前厅的功能

首先我们了解一下餐厅的大致区域构成。一家餐厅从区域和功能性来区分，可以分为两大块：厨房和前厅。

厨房是产品出品的区域。它可以细分为：洗消区，用来进行原材料以及碗筷的洗涤；切配区，用来进行食材的初步加工；保存区，主要放置冰柜，进行食物的保存，有按照生、熟、半成品以及不同特性的食材来进行保存的区分；操作烹调区，用来进行食材的烹调制作；辅助区，进行各项辅助工作，如进行食材的定形、摆盘；出餐区，进行餐品的发出和打包等事项；杂物区。一般来说，辅助区和操作烹调区因需求不同，可以有多个。

再来说前厅，主要可以分为：点单区，引导顾客进行点餐（根据模式不同，一些餐厅可能不设立点单区）；就餐区，顾客进行等待以及就餐；等位区，在就餐高峰时段就餐区无法满足顾客需求时，则需要设立等位区；收银区。

由于区域性质不同，创业者在创业时，要考虑一下自己的性格以及技能属性，从而确定在哪块区域更适合发挥自己的特长。

### 1.5.2 需要具备的基础知识

关于厨房与前厅，有哪些基础知识是需要掌握的呢？

## 1.厨房里需要掌握的基础知识

（1）关于食材的好坏

食材是直接影响产品品质的源头。我们需要根据餐厅定位，选择符合相应等级的食材并且牢牢把关。如果连经营者自己也无法辨别食材好坏，那将会是一件很糟糕的事。

（2）各种厨具的操作方法

厨房里的厨具种类繁多，每一种都有它的特定用处和操作方法，所以，我们在创业初期必须了解一些常用的以及自家餐厅所需的厨具。

（3）常用的烹饪方法以及调味品的使用

烹饪方法花样繁多，我们需要学习与自家餐厅密切相关的一些烹饪技术，并且熟练掌握。烹饪时调味品的用法、用量也是需要掌握的，这样当你需要评判产品好坏时会更有把握。

（4）清洁消毒的方法

厨房作为食品安全把控的核心场所，对清洁与消毒必然要求严格，要在各个环节都保证食品安全。所以，掌握相关的清洁与消毒知识是非常必要的。

## 2.前厅需要掌握的基础知识

（1）服务的基本礼仪以及话术

前厅因为需要与顾客直接交流，所以服务的礼仪以及交流时的标准话术是必不可少的。这是影响顾客对餐厅印象的重要方面。比如遇到怀孕或者带着孩子的顾客，可以询问有没有特殊的忌口和需要。前厅工作的核心以顾客为主，站在顾客的角度思考，从而开展各种服务。

（2）突发事件的处理技巧

在与顾客交流、相处的过程中，难免会遇到一些突发事件。这时就需要一些灵活的处理事件技巧。比如餐品上错了，卖完了，或者质量有问题的，得无条件退换；上餐时洒落了汤汁，弄脏了顾客的衣物，必须及时道歉并且主动协商解决。核心的一点就是：发生突发事件时，迅速向顾客表明态度，并且及时给予顾客满意的解决方案，在最大限度上挽留顾客。

（3）餐饮软硬件的相关知识

如今，餐饮软件以及相关设备在餐饮行业已经很普遍了，这些软硬件是收集经营数据、进行顾客管理以及营销策划的重要工具，所以我们必须正确掌握其使用方法，了解相关知识。

（4）清洁消毒的方法

前厅与厨房相比，最大的不同是这个区域直接与顾客接触。前厅的清洁度直接影响顾客的满意程度，也能看出一家店对产品的认真程度。所以，在对待与顾客相关的器物上，要格外仔细。

一开始我们可能不会各方面都精通，但至少有一方面，需要比较了解，然后在之后的经营过程中逐步深入了解各个过程。当然，如果是一窍不通也没有关系，可以找一个你想做的同品类门店，进入厨房或者前厅工作实习，通过实践来了解。

完全没有实习经验就自己创立门店，会令门店在许多细节方面有所欠缺，从而拉低门店在顾客心中的评分。

### 1.5.3 适合自己的区域

在厨房制作需要长时间的专注以及耐心，也要有足够的创新意识，还要能协调每个细分区域相互配合。如果你逻辑思维出色，擅长钻研，却不那么爱交流，可能厨房的工作会更适合你。

前厅是与顾客直接交流的区域，所以需要较强的交流能力，也需要处理与顾客有关的各种事件。如果你外向开朗，善于交际，喜欢与人交往，那么前厅的工作应该会更适合你。

知道了自己适合的餐厅区域，并不意味着你只能在这一个区域做，或者一定要在这个区域做，这只是一个能充分利用自己优势的方法。如果你觉得自己并不需要实际操作，只需要雇人管理就好，我觉得对于初次创业的人来说可能会很难。毕竟从创业者的角度出发，不管是什么区域，你都必须具备最低限度的知识，这样才能对员工的工作做出恰当的指导，更不用说有时还需要自己亲自上阵。

## 1.5.4 故事：我选择的区域与工作实习

我是一个比较内向的人，在与人交流方面并不是很突出，但实际操作与钻研却是我比较拿手的，所以我初期选择在厨房工作。

我的目标经营方向是小吃，于是，我找了几家合适的门店去工作和实习。一方面可以增长餐厅经营所需的各种知识，另一方面也可以比较各种细分品类的优劣，从而为我之后确定自己的品类提供了一个参考。

我最先选择的是一家在当地比较出名的特色小吃店，主要经营的是卤味、砂锅以及粉面等小吃，在当地有很高的人气。我趁着招工的机会，进入了他们的厨房参与工作。

在实际的工作和实习过程中，想要学到东西，就必须多留心，例如，一件产品从原材料到出餐，这个过程中的每一个细节都要看清楚。我一开始是糊里糊涂的，但是经常会请教厨房前辈除了基本操作步骤以外的一些问题。与此同时，我也趁机积累了工作经验，懂得了许多烹饪技巧和调味品的分类、使用方法。

然后我又按照这个方法，陆续在三家餐厅工作，对几种常见的小吃品类都有了初步的理解。

然而，一家店的红火总会有它最核心的竞争力，这是你无法轻易复制的，有可能是秘制酱料，也有可能是陈年老汤。高兴的是，我在这个过程中学会了一些操作方法、烹饪技巧，加深了对食材本身的理解，这使我对以后自己开门店多了一份把握。

# 第2章　选址与细分品类

如果你已经了解了餐饮的风险，并且有了一定的基础知识，那就让我们来具体落实自己的想法吧。首先就是选择一个合适的地址开门店。

## 2.1 为什么是先选址？

"天时、地利、人和"，地址的重要程度由此可见，对于一家餐厅而言，更是如此。很多时候，地址是决定性因素，甚至会影响餐厅经营的成败。所以，在餐饮创业初期就要了解选址的重要性和基本要素。

### 2.1.1 选址的重要性

选址的本质是选择客流量。有了客流量，餐厅想要营业就有了基本保障。这就像一个鱼塘，鱼塘里的鱼越多，想要钓到鱼就越容易；相反，如果鱼塘根本就没有几条鱼，那任你如何努力，也不会有太好的结果。

但是选址有这么简单吗？肯定没有。通常初学者的做法可能是先确定一个项目品类，然后再去选择地址，这样就有很大的局限性。而且一般说来，合适的店铺只要是盈利较好的，都不太有转让的可能。加上如果因为心急，时间、资金不足而选择了不合适的地址，就会让之后的经营变得非常艰难。

例如，找了一个客流远低于预期的地址，如果还坚持原来的品类，意义就不是很大了。再如，找了一个客流很高却远超预算的地址，那经营的压力是非常大的，高额的转让费和房租会占很大一部分成本。

### 2.1.2 选址的基本要素

我们换个思路，这时候我们不妨先抛开具体品类项目，只找一个大方向，例如选择快餐与小吃大类，然后根据所找地址的实际属性和人群来确定具体的细分品类。

那我们选址有哪些基本要素值得注意呢？主要是商圈。

现在的商业发展中，各类实体商业都十分依赖商圈的作用。一家门店的销售半径是有限的，所以与其他不同的门店、办公、教学、居住、医疗等组合在一起，加上周边各种配套设施的完善，形成直径2~3千米的商业区域，就可以更好地吸引客流。

商圈都是多元化的，但不同的商圈根据所在区域的侧重点不同，又具有不同的属性。我们大致把它分成以下8类。

**1. 商业区**

在商业区，有着数量最多的门店，商业密度非常高，吸引客流的综合能力非常好。

**2. 办公区**

以商务办公为中心，有许多商业写字楼，在这里，白天和晚上人流的差别比较大，客流有着规律的高峰期和低峰期。

**3. 居住区**

以人口最多的小区为中心，客流较为稳定，但吸引新客流的能力也比较弱。

**4. 教学区**

以学校为中心，区域内存在一所及以上的学校，主要客流为在校学生。

**5. 工业区**

以各大工厂、工业园为中心，外来人口多，客流总量大。

**6. 医疗区**

以医院为中心，区域内有一家及一家以上的医院，有许多与医疗相关的配套及门店，吸引客流能力较强。

**7. 旅游区**

以旅游景点为中心，有指定的商业街，一般会有指定的物业管理。成熟的旅游区是所有商区中人流量最多的，节假日更甚。因此，好的旅游区的入驻成本也是非常高的。旅游区存在淡季和旺季之分，也值得注意。

**8. 混合型商圈**

混合型商圈是由两个或两个以上属性的区域所组成的商圈，拥有不同的商圈属性。不管是在哪一种商圈中，有一个指标是非常重要的，那就是地址的便捷性。这点我们需要观察以下几点：

地址离停车位的远近。最好是门前带有车位，这样更方便顾客停车消费。

是否有栏杆、围栏、隔离带等阻隔作用的设施存在，这会影响顾客进店的便捷性，从而影响销量。

如果地址是二楼及二楼以上，过多的楼梯会影响顾客通行的便捷性，使其不愿意到门店消费。

## 2.1.3 故事：身边人餐饮选址的错误

我不久前认识了小张，他做餐饮也有两年了，但他前两次创业都不是很成功，仔细跟他探讨之后发现，他失败的很大原因在选址上。

他初次创业，一心想做一家火锅店，感觉火锅店的标准化程度高，管理又容易。于是他加盟了一个火锅品牌，地址选在了标准的办公区。虽然晚餐的销售额还可以，但中午基本没什么人。总体而言，无法承受高额的租金和人工费，于是他初次创业没有多久就失败了。在我看来，火锅店选在办公区，显然有些不妥，办公区更适合一些方便快捷的小品类和外卖类门店，但是如果把经营方法改变一下，把火锅做"轻"，并且增加一些其他品类作为午餐的辅助，或许还是可以得到改善的。

小张的第二次创业选择了人均消费较低的大众面馆，选址在客流量较高的商业区，并且还是在与大型商超接近的高端商业区。总体而言，商业区的客流量是没有问题的，但他的门店始终无法提升营业额，客单价也很低。后来我们复盘，发现大型商业区吸引了周围2~3千米甚至更远地方的客流，这些客流来到商业区进行消费。如果只是为了一碗面，那可能连停车费都不值得花，很不划算。所以，在高端商业区，正餐类门店更合适。

经过两次创业失败，小张懂得了许多，通过与他交流，我也学到了很多东西，这让我在新店的选址方面有了更多的把握。

## 2.2 客流调查

其实选址的本质是选择客流量,有没有一些数据可以让我们具体知道客流呢?答案当然是有,并且通过一些方法我们还可以将这些数据进行系统分析,使之看起来更加直观,便于理解。

### 2.2.1 客流总量调查

那选址之初客流总量大小怎样调查呢?

先选定一个地址,在接下来的一周内,在每天人流正常来往的时间段——大致为7:00～22:00——记录路过的总人数。7天的总人数就是这一周内的日常人流总量,可以按小时为单位来记录,这样能更便捷地看出这一周当中的人流变化。

值得注意的是,这里的客流一般是指门店单侧的过往人流,并且要计算摩托车、轿车等交通工具。当然,如果从对街走到门店没有隔断,那对街的客流也可以计算在内。

如果在记录当中遇到了特殊极端的天气,如下雪、台风,则需要过后重新记录。

如果说,选择的地址,不是在街边,而是在商场等封闭场所内,则要考虑周围有几个入口、拐角、电梯以及人们的行走方向,也就是客流的行动方向。如果行动方向面向你选择的地址,那么能够成为有效的客流;反之,则很有可能会错过。还需要注意地址离客流入口的距离是多少,如果太远,就可能被前端其他的商家截流,从而无法到达你的门店。

### 2.2.2 目标客流调查

知道人流总量的目的是了解这个商圈有没有投资的价值。人流总量越高,目标客流占比也就越高。那么怎样在这么多人中筛选出目标客流呢?

结合我们之前讲的商圈属性，我们知道每个商圈里都有主要客流。所以我们在锁定目标客流的时候，尽量把目光聚集在商圈的主要客流上，这样对于商圈总人流量的利用率就比较高。

但是，就算是同属性的客流，由于其自身的特性不同，也会有不同的消费偏向。我们不可能满足每个有特性的客流，但可以在收集资料和信息之后选择最有优势的客流进行深耕，这样带来的价值会更高。

具体而言，我们可以通过人工问卷调查、有奖调查，或者网络调查等，将需要了解的客流偏爱问题编入调查问卷，以获取目标客流的人群画像（指通过数据分析将客流分别贴上不同的标签），这样能为你准确推断出所调查的目标客流都有哪些偏好和消费习惯。

通常来说，目标客流的职业、收入、年龄和性别等都是值得收集和调查的因素。例如，我们可以做如下一份调查问卷。

1. 您的性别是____。

A. 男　B. 女

2. 您的职业是____。

A. 自由职业　B. 学生　C. 白领　D. boss　E. 其他

3. 您的月收入____。

A. 2 000元以下　B. 2 000~4 000元　C. 4 000~8 000元

D. 8 000~20 000元　E. 20 000元以上

4. 外出就餐的次数是____。

A. 小于每周1次　B. 每周1~2次　C. 每周3~4次　D. 每周5次以上

5. 外出就餐偏爱的餐厅品类是____。

A. 快餐小吃店　B. 正餐厅　C. 特色餐厅　D. 火锅　E. 西餐　F. 其他

6. 人均的预算是____。

A. 小于30元　B. 30~50元　C. 50~80元　D. 80~150元　E. 150元以上

7. 您会选择就餐的因素是____。

A. 口味　B. 环境　C. 服务　D. 价格　E. 装修　F. 速度

这几个问题基本反映了目标客流在餐饮方面的消费习惯，然后我们根据反馈的数据和情况就可以判断出哪些细分品类更适合我们所调查的目标人群。在调查的时候如果已经有了大体的品类方向，就结合品类方向多加一些细节化的问题，那样的话，准确性会更高。

### 2.2.3　故事：我第二次创业的选址与调研

有了第一次创业的教训之后，我第二次创业谨慎了许多，也知道了在开门店之前，必须把该做的调查和研究做好。

于是我先把当地所有的商圈重新转了一遍，根据商圈的属性，把商圈内的客流进行了分类，这是我以前想不到的，也不会去做的。经过一个月的观察，我筛选出了三个候选地址。

第一个地址在一条商业街上，旁边是办公大楼，属于办公区与商业区的混合商区，人流量非常可观。商业街白天虽然人流较少，但办公大楼白天对于餐饮的需求比较旺盛，而到了傍晚，商业街所在的商业区人流量非常多，办公区的人也会到商业区消费。

第二个地址在医院旁边，隔壁是一个较大的小区，属于医疗区与居住区的混合商区，人流量比较稳定，但是已经存在非常多的针对医院以及小区住户的餐饮门店，竞争十分激烈。

第三个地址有些偏远，是由几个较大的新小区和一所学校组成的混合商区。几个新小区的居民都是刚刚入住的，青年人较多，在外就餐的可能性更高，缺点是入住率不是很高，但校内的学生客流能弥补客流数量的不足。

综合起来分析，前两个地址的租金相对较高，当然客流量也更好，但同时客流量已经固定了，第三个地址虽然现在的客流量不及前两个，但未来，小区入住率会稳步提升，潜力更好，加上年轻人居多，外出就餐更多，而且租金比前两个地址要低很多，也是优势，所以最后我选择了第三个地址。

选择好地址，我针对小区内的居民以及学校内的学生都进行了有奖问卷的调查，最后得到了一份较为详细而真实的资料反馈。

## 2.3 运用数据分析，选择细分品类

餐饮行业里，同样品类的门店成千上万，今天我开张，明天他倒闭，如果只是停留在表面的品类选择上，很难跟其他同品类门店有本质上的区别，这会导致同质化严重，所以在导入收集到的数据之后，我们可以更精准地针对客流的喜好进行品类的细分，从而提升自身的品质。

### 2.3.1 数据的梳理和分析

当你手上已经拿到了商圈的客流数据，接下来就要对这些数据进行梳理和分析。以之前我们的问卷收集的数据为例。

**1. 性别比例分析**

所选的商圈或多或少存在性别比例的不同，这与商圈属性有一定关系，例如在办公区，女性一般会稍微多于男性。在一些特殊的教育区，如卫生学校或师范学校，女性会远多于男性。性别比例的差别导致在选品类时应更多地考虑性别比例高的人群的消费习惯和喜爱偏向。

**2. 职业分析**

职业通常反映的是一个群体的消费习惯，虽然每个人都不同，但相同的职业或多或少都会导致一些共同的特性和行为模式，例如，医生更注重干净、卫生、健康；老板更注重品质，但对价格敏感度低；学生对价格敏感度很高。如果所选的商圈当中某一个职业的人群比例比较高或者某几个相关性职业的人群合计比例比较高，那我们就可以迎合这些人群的喜好来确定投资方向。当然我们还要对他们进行价值评估，如果价值不如低比例的职业人群，那么就需要进行调整。

**3. 价值分析**

单个客流的价值主要取决于三个方面：一是总收入，二是消费频次，三是消费预算。

总收入决定了消费上限,而消费频次和消费预算的乘积就是单个客流的价值,如图2-1所示。

图2-1　单个客流的价值

要知道这里的消费频次和消费预算都是可以变化的,在后期,不同的品类可以通过引导增加消费频次或者增加消费预算来达到增加营业额的目的,但最终不能超过客流的总收入。所以,收入越高的客流,其价值也就越高。

那我们怎样确认价值最高的客户群呢?

首先,可以把收集到的客流信息按照收入标准进行分类,获得一组数据。然后,按照收入频次分类,获得一组数据。之后,再按照消费预算进行分类,获得一组数据。最后,在每一组数据的第一梯队中进行挑选,重合度最高的一批客流就是最具价值的潜力客流,也就是我们经常所说的高端客流。但高端客流的数量往往不多,并且要求比较高,想经营好则有一定难度。

接下来,我们对数据进一步分析,按照收入分类,把数量最多的一类样本提取出来,然后计算出消费频次均值,再把他们的消费预算均值计算出来。

利用价值分析的公式可以计算出消费总价值(如图2-2所示)与消费平均价值(如图2-3所示)。

图2-2　消费总价值

图2-3 消费平均价值

通常来说，这样计算出来的是具有一定消费能力的且数量也比较多的一部分人群，所以以他们为目标客流，会相对容易运营一些，品质上的要求相对于高端人群来说容易满足，同时价格敏感度也没有那么高。

还有一部分人群是消费能力比较有限且对价格因素比较敏感的，这部分人群虽然数量也很多，但对门店的要求是成本控制比较好，同时效率比较高，薄利多销。因为无法做到标准化，新手想要做好这一部分人群的餐饮服务，通常是比较累的。

选择一个样本人群作为目标客流之后，再对这个样本的人群进行职业、性别的分析，就能更加精准地找到这个人群的属性特征。

### 2.3.2 选择细分品类

将所有数据综合分析之后，我们已经了解了我们所需要针对的目标客流，接下来就需要选择目标客流所偏爱的品类。结合我们前面所讲的商圈属性，我们就可以知道不同的商圈都适合哪些品类。

在商业区中，客流是多元化的，吸引的是商区周边所有的人。从餐饮角度看，各类餐饮都比较适合在商业区开设门店。

在办公区中，客流主要是办公楼中的白领，消费能力好，消费频次高。从餐饮角度看，便当快餐、特色小吃等方便快捷并且提供外卖的品类比较适合办公区。如果女性比例较高，甜品及饮品店也可以考虑。

居住区的客流主要是小区的居民，追求的大多是与家庭有关的消费项目。从餐饮角度看，适合家庭聚餐的家庭餐馆、面馆、特色小吃等比较适合居住区。

在教学区中，学生是主要客流。如果是中小学生，需要考虑家长的因素。高中生与大学生消费能力有限，并且消费黏性较低，但可以通过数量优势来弥补。从餐饮角度看，炸串店、外卖店、大众火锅、烧烤等品类更适合教学区。如果是女学生比较多的校区，还可以考虑甜品店、饮品店。

工业区中，客流主要是工厂的工人，消费水平较低，大量的客流基数是优势。从餐饮角度看，平价优惠的大众餐馆、快餐厅等更适合工业区。

医疗区中，主要客流是病患及其家属，以及医生护士等医疗人员，他们更关注安全健康，餐饮的针对性强。从餐饮角度看，汤、粥、面、水饺等清淡的饮食更适合医疗区。

旅游区中，主要客流是游客，因为大多数属于一次性冲动消费，所以随机性非常强，不用担心客流量，提高进店的转化率就是提高营业额的直接方法。从餐饮角度看，与旅游区相关的一些特色小吃、当地口味的特色菜品更能引起游客的兴趣。

至于混合型商圈，客流同样也是多元化的，需要根据具体的混合属性来确定主要客流是哪些。

### 2.3.3 故事：我选择的细分品类

我在完成地址、发完问卷调查之后，便对调查数据进行了一番梳理。我发现我所选的地址周围，居住区内年轻人居多，并且年轻女性占比高于男性，周围的校区也同样是女性比例高于男性。

因为我所选的大方向是小吃、快餐，所以在问卷中加入了一些细分的问题，如对比其他餐饮，对小吃、快餐的喜爱程度，每星期吃小吃、快餐的频次，每星期叫外卖的频次等。我得到的结论是，周围的人群对于小吃、快餐的热爱程度还是比较高的，原因可能是年轻人更愿意快捷方便地解决餐饮方面的问题。在单次消费预算上，平均能达到35元，并且女性的预算比男性的更高，这反映了附近人群对品质还是有要求的，并且女性在产品的颜值、口味以及环境上的要求也更高。

整理完所有信息，我决定做精致的中式定食套餐，兼顾了本地的口味，同时借鉴了日式定食的精致感，给人更良好的用餐体验。

## 2.4 品类商圈饱和度调查

我们时常有这样的体验：在逛街的时候，没有走出几步路，就碰到了好几家茶饮店或者蛋糕店……是这些品类真的这么好做，还是商圈本身的问题？这就涉及品类的商圈饱和度了。

### 2.4.1 什么是品类商圈饱和度？

品类商圈饱和度，就是所选择的品类在商圈中的竞争程度。竞争程度越激烈，品类饱和度就越高。

例如，选择的细分品类是馄饨，在一个不大的商圈中过一两个街口就有一家，那证明馄饨这一细分品类的竞争已经比较激烈了，但同时也证明，在这个商圈中馄饨属于比较热门的品类。

如果一个细分品类在一个商圈中一家店都没有，那这一细分品类暂时不存在竞争，但也值得思考一下，人群会不会在接受度上存在一些问题。

### 2.4.2 饱和度所反映的现象

很多人觉得竞争激烈，会对自己不利，但并非如此。竞争程度激烈，并不一定是坏事；毫无竞争，也并非一定就是好事。

在一个商圈中，良性的竞争会使品类热度产生聚集效应，使吸引客流的能力得到更大的提升，对各家门店都是有正面效益的。例如，在一条商业街上，短距离存在三家不同的面馆，这会给附近人一种吃面就到这条商业街的印象，然后再在这三家面馆当中选择一家自己喜欢的消费。这种效应对三家面馆都是有益的。不过怎样把聚集起来的客流导入自己的门店当中，又是另一门学问了，下文细致分析。

如果自己选择的品类在商圈中一个竞争对手都没有，先不要高兴得太早，因为在你周围都没有人做这个品类的话，一般有这样几种原因：一是已经有人尝试过了，但是失败了；至于为什么失败，可能跟个人的经营有关系，也有可能是周围人群对这一品类没有太多兴趣。二是还没有人尝试过，周围人群对这一品类的消费潜力也就没有被开发。这种情况是值得一试的，但是怎样让没有消费过的人群来尝试这种新的品类，是值得努力的一件事。怎样判断所选的品类在这个商圈之前有没有负面的例子？可以向周围的门店多多打听，毕竟一个新的细分品类想要在商圈站住脚跟，之前已经有过倒闭案例的话，会给周围人群一种不靠谱的感觉，经营上的难度也会大一些。

### 2.4.3 怎样调查同品类饱和度？

我们发现，怎样调查同品类的饱和度是一个比较关键的问题。具体应该采用怎样的方法呢？

一个在外卖平台工作的朋友告诉我一个比较简单的方法，先进入外卖平台App（选择市场占有率较高者），定位到所在位置500米之内的地方，选择销量排序，查看前十名店铺的月销量，从而可以估算所在商圈的总体门店数量。

商圈内月销量10 000单以上的门店有5～6家时，餐饮门店总数量为2 200家左右；月销量10 000单以上的门店有2～3家时，餐饮门店总数量为1 600家左右；月销量7 000～8 000的门店3～6家时，餐饮门店总数量为1 500家左右；月销量5 000～6 000的门店有2～5家时，餐饮门店总数量为1 300家左右。然后查看配送范围3 000米内同品类商家的数量，最后根据同品类商家的数量和总体商户的数量估算出该品类的饱和度。例如商圈估计一共有1 500家餐饮门店，快餐便当占150家，这就比较高了。

当然，品类饱和度的上限还与该品类在商圈受欢迎的程度有关。如果周围的人群对某一品类特别喜爱，那么市场留存的空间也会相应提高，只要有足够竞争力，还是能取得一定客流份额的。

### 2.4.4 故事：我选品类的商圈饱和度

我所选的是35元客单价的精致中式定食、外带小吃及饮品。在我所选的大商圈内，各类餐饮店铺总量在800家左右，但具体到小区邻近的商业街，跟我同是小吃、快餐的，只有几家经营快餐店面馆或早餐店。

从大类上来说，我与他们多少都存在一定的竞争关系，但我的目标客流相较于他们而言又有点不同，所以我必须利用好这些差别性的关系。从饱和度来说，我所选的位置与相应的品类还远远没有达到饱和的程度，入住的人群也在逐步提高，消费需求还是有可以进一步挖掘的潜力的。

但是值得注意的是，周围的几家快餐店与面馆的生意都很不错，特别是其中一家快餐店，每到饭点都是人挤人，这也反映出这家快餐店的口味、消费价位以及模式都非常受周边人群的欢迎，我也非常有必要了解一下这家快餐店的具体情况，从而对自己的门店更好地进行改善以及优化。

## 2.5 竞争对手的生意为什么这么好？

不管做什么品类，竞争对手永远是你最好的老师，在他们身上，你可以学到许多你不曾考虑的东西。特别是对餐饮业的新人来说，对竞争对手的分析和考察，也是一门重要的必修课。

### 2.5.1 分析竞争对手的优势

在所选地址周边，总有那么一两家同品类门店，生意特别红火，一到饭点就是满座、排队，他们是有什么秘诀吗？

身为将要与之竞争的门店，我们必须知道他们为什么能这么红火，要知道他们的优势在哪里，这样才能看清彼此有哪些差距。

一般说来，如果竞争对手的餐饮店特别红火，我们可以从这几个方面着手调查分析。

**1. 口味**

餐饮门店的口味是一家店铺最基本的，也是顾客最看中的需求。探寻竞争门店的口味实力到底如何，也有利于掌握同一目标人群的口味偏好。所以具体的口味，需要亲自到竞争对手的门店中去尝一下，特别是招牌产品、复购率高的产品，需要特别关注，从色、香、味等各个方面，站在客观的角度来评判分析。最好不要自己一个人去，容易产生口味偏见，多叫几个人，然后采用大多数人的意见，这样会比较合理，同时也可以向其老顾客进行询问，最后得出一个综合的口味评判。

**2. 环境**

环境作为最直观的因素之一，在你第一次去探访调查，就能得出大概的档次评判，但是还有许多细节是需要自己亲自体验的。真正能影响顾客的，往往是一些人性化的细节处理（包括卫生、整洁程度）。虽然门店的经营方式各不相同，但在环境中布置一些令顾客感觉到暖心的、便利的细节，往往能加分很多，这与装修档次并没有直接关系，更多的是看经营者的用心程度，所以许多细节，以顾客视角体验过一次之后，就能感受到，然后把它变成自己的东西。

**3. 服务**

门店始终需要人与人面对面交流，所以在交流过程中产生的服务体验，也是顾客非常看重的。体验竞争门店的服务，最好是高峰期去一次，非高峰期去一次。高峰期的人流量很多，服务稍微有一些疏忽是情有可原的；但如果这时候竞争门店的服务能够面面俱到，对每个人都服务得很好，那证明其服务确实无可挑剔。要是非高峰期去，门店的服务还是比较糟糕的话，那证明在服务方面，竞争门店做得不是很好。

**4. 价格**

价格是最直观的因素之一，结合竞争门店的口味、环境与服务，价格是最终反映这些的一个综合数据。可以在餐饮平台App上，比较一下同品类的餐饮价格，看看竞争门店是否在品类的平均价格内。如果价格低于正常区间，那么证明价格也是吸引顾客来消费的一个因素；如果价格高于正常区间，证明门店一定在其他方面做得特别好，从而产生溢价。

**5. 地理位置**

竞争对手的选址非常刁钻，能够吸引周边的大部分客流。如果竞争门店是因为这个原因而非常红火，那么在硬性条件上，我们是非常难以超越的，必须找出他有没有"致命的弱点"。比如竞争门店除了选址好，口味与服务都说不上好，只能说马马虎虎，这时候我们就需要对口味与服务进行针对性的强化。如果竞争门店不仅选址优越，其他各方面也都很优秀，那你想在他附近站稳脚跟就需要付出相当大的努力了。

**6. 出餐速度**

现在的顾客越来越追求高效率，有时候出餐速度也是影响顾客体验的一大因素，可以在午餐或晚餐的用餐高峰去竞争门店体验一下，就能知道它的出餐速度具体如何。

## 2.5.2　如何利用竞争门店的不足？

通过亲自尝试与体验，可以确认竞争门店在各个方面的优势，同时我们在调查体验的时候也需要多留心眼，看看竞争门店有哪些不足，这是非常值得我们改进的，因为有一句话叫作"别人的不足就是我的盈利点"。

口味、环境、服务、价格、速度这几点，竞争门店有任何一点没有做好，哪怕只是一些细节，都是我们可以反超的地方。

举个例子，你要和一家老牌快餐小吃——沙县小吃竞争。沙县小吃价格非常亲民，但大多数环境只能算一般，有些还不是很好，服务也大多是夫妻档，口味说好不好，说坏不坏。

如果这时候，你开一家同品类快餐小吃店，那在口味上首先需要超过沙县小吃，因为这是最基础的顾客需求；在环境方面，不需要比沙县高档很多，但要整洁干净，让顾客有吃得放心的感觉；在服务方面，可以跟顾客以"朋友式"相处；在价格方面，平均价格可以与之处在同一个区间，但产品线可以出现一些高端、高利润产品；在出餐速度方面，也不需要追求太快，保证品质是前提。

这样对比下来，我相信，即使不能把沙县小吃所有的客户转化过来，也一定有了立足之地。

### 2.5.3 故事：我的竞争门店调查

之前我做目标客流调查时，了解到我所做的细分品类在所选地址周围并没有直接的竞争门店。但是其他相关品类的餐饮门店还是有的，这些门店因为地理位置相距比较近，会与我产生一定的竞争关系。所以，我还是需要对它们进行深度的了解。

小区的正门对面，是一家早餐店与面馆合二为一的店，早餐卖豆浆、油条、包子和生煎，生意非常好，中午的时候则是主打捞面，周围来吃的人也不少。我亲自去品尝了一下，早餐我每样都买了一点，说实话味道一般，但胜在速度快，即买即走，对于早上赶时间的客户，特别是对学生、上班族而言，能在小区正门口直接买到早餐是非常便捷的。午餐我也体验了一下，店的门面不大，环境比较简单，但是灯光明亮、卫生、干净、整洁，餐具摆放比较整齐，给人的第一印象比较好。他家捞面是菜品分装摆放，顾客自选自加。就口味而言，因为出锅时间比较长，无法保留刚出锅时的味道与口感，所以口味称不上很好，只是过得去罢了，但是煮面的时间非常快，综合来看出餐效率非常高。对追求速度的顾客而言，这家店的体验还是不错的。

## 2.6 消费场景匹配度

我们在消费过程中，很多时候付钱的理由并不是单单因为产品或服务本身，有时候也会为了这个产品和服务在什么情况下更好用而掏钱，而且这个时候自身大多没有察觉，这是为什么呢？

## 2.6.1 什么是消费场景？

消费场景，归根结底其实就是顾客的消费目的——目标顾客在什么场合、情景下选择你的门店进行消费。也就是说，消费场景是顾客的一种隐形定位。

那么，这些消费场景与餐饮有什么关系呢？我们要知道，顾客选择餐饮门店消费并不是盲目的，他们往往已经具有了自己的要求和目的，但是这种消费概念，顾客往往并不会直接表达出来，只存在于他们的潜意识当中，主导他们的消费决策。

在这个前提下，餐饮门店想要利用这个特点，就需要下一番功夫。在确定目标顾客之后，分析顾客与消费场景的关系，从而更加精准地进行顾客的定位与转化。

## 2.6.2 消费场景的匹配与利用

从客流的角度出发，带有主题场景的门店往往能吸引更多的客流。主题越明确，与客流的匹配度就越高。

例如不同的两家门店，第一家是专门做宴请，而第二家是宴请与快餐同时做，那么第一家的匹配度就相对而言比较高。从顾客角度来看，知道第一家是专门做宴请的门店，所以在顾客潜意识当中它就有"宴请"这个标签。当潜在顾客需要宴请的时候，潜意识就会想到第一家门店。而第二家门店，潜在顾客在看到的时候，潜意识里一部分会打上"宴请"的标签，另一部分会打上"快餐"的标签，并不能很好地匹配，就算潜在顾客想要宴请或者想要吃快餐，潜意识当中想的第二家店很可能是另一个标签，从而错过消费机会。

我们已经知道，同一个顾客在不同的消费场景中需求不一样。在快餐厅，可能就只需要速度快，填饱肚子就行，而到了与家人朋友聚会的时候，选择门店时则更加关注品质与环境，还有整体的氛围。

怎样能清楚明白地知道顾客的潜在需求是什么，从而加强门店的消费场景布置呢？

首先，现在的年轻人越来越追求有个性、有内涵、有文化的产品，对待餐饮的态度也一样，从以前简单地填饱肚子到现在越来越追求整体的体验度。在这个过程中，餐饮门店就需要针对自己的目标客户进行文化主题上的提升优化。

一种最直接的方法就是把与品类对应的文化内容、理念以及自我的追求融入门店的场景当中，形成品类产品与门店的统一，从而打造成一个具有主题、场景、特色都很鲜明的门店。

举个例子，你做比萨品类，在做好本身的品质服务，以及保持卫生条件之外，在场景布置上，就需要为你自己的产品做好定义：你的客流是在什么时间、什么氛围下来用餐的。最直接的品牌案例是必胜客，在它的广告当中我们可以清楚地看到，大多数围绕着"休闲""聚会"这两点来展开，而这也正是它所要突出的门店场景的主题，所以在门店场景布置当中，充满了这两个主题的元素，同时它的产品也跟这两个主题有很大的相关性，这些都在无形当中吸引着想要以"休闲"和"聚会"为目的的客流。

这种方法是尽可能突出自己门店品类的主题特征，去定义在一个场景当中这种属性特征所能达到的一种场景效果，并且持续地输出这样一种价值，让自己的门店在客流当中慢慢形成一种稳定的隐形定位。这是利用好消费场景的基本方法，还有没有其他的方法呢？当然是有的，但并不是每一家门店都适用，那就是增加消费场景。

一般来说，一家餐饮门店的消费场景是单一的，但是仔细分析客流与细节场景的相关性，你会发现，增加一些相关的消费场景，就是增加新的营业增长点。

例如，门店的产品特色非常鲜明，所选的原材料是独家专供，那么可以将原材料单独包装，选择一个小区域场景进行售卖，同时需要在场景内宣传原材料的独特性，让顾客感受到这个区域不像是在餐厅当中，而是专门为销售特色原材料而打造的一个销售点。因为在门店当中，顾客已经尝试过具有独家特色的原材料所制作的产品，如果觉得真的不错，就会在指定的原材料售卖场景内，选择一些自己购买，或者赠送给他人。这样的操作增强了顾客的购买目的，从而获得营业上的提升。当然这里的原材料也可以换成酱料，或者其他能够成为你门店特色的产品，前提是这个产品必须成为顾客除了来门店消费以外的另外一种消费目的。

## 2.6.3 故事：我为门店增加的消费场景

我的门店经营的是精致的中式定食，从本质上来说接近轻餐，那么，在场景主题的设定上，应该遵循"休闲""小聚会"的场景主题。但初期操作当中，我却将场景定义成了类似中式快餐的场景，给人一种不上不下的感觉，无法与对应的人群相匹配。思考过后，我推倒重来，重新布置，将门店布置成能进行休闲谈话、小型聚会的场景。

主题场景确定了，能否利用自身特点增加消费场景呢？我经过再三比较，选择了自己门店当中最有特色，也是用途最广泛的辣椒蘸酱作为新增消费场景的产品。之后开辟一个单独的区域，对它进行包装、文化背景的植入、加工制作的展示，这样能更好地帮助顾客在这一场景内的消费转化。

# 第3章 转让

调查分析了这么多，现在就该正式谈谈转让门店的事了。这是一个与人斗智斗勇的阶段，稍有不慎，就会踏入一些陷阱，或者为将来留下一些隐患，所以转让店铺的时候，我们务必考虑周全。

## 3.1　别扭的转让费

在转让门店的过程当中，最令人别扭的，可能就是"转让费"了，因为这笔费用并没有直接投入装修和生产当中，也没有给你带来多大的服务性利益，而且数额通常来说还不会很低，动辄就是几万元！这笔费用，我们应该怎样看待呢？

### 3.1.1　转让费的由来

在大多数情况下，转让费的确是一个让人头疼的话题。那转让费到底从何而来？它的意义又是怎样的呢？我们就先从它的由来探讨一下。

一家店铺的首任租商，是直接从房东手上租来店铺，所以不存在转让费这一说，只需要付给房东所需的房租（有些房东可能还需要押金）即可。但是这时候交到租商手上的是一间毛坯房，所以需要对商铺进行整体的装修。如果首任租商无法继续经营下去，对店铺进行转让，这时候首任租商就会对第二任租客收取转让费。而一笔转让费包含哪些方面呢？

从本质上来说，转让费其实是店铺经营权的一个转让费用。但是首任租商，从房东手中接过经营权，是没有付出转让费的，取而代之的是他的首次装修、设备以及房租等成本（如图3-1所示）。所以，首任租商利用手上的经营权，将装修、设备以及房租等成本全部或者部分纳入转让费当中，以减轻在转让时所带来的损失。

对于第二任及其之后的租商，也就是绝大多数租商而言，接手之后的门店也不是能马上投入使用，而是需要进行再次装修升级，这笔投入是比较大的。

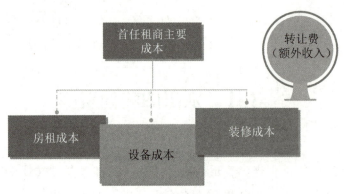

图3-1 首任租商转让的主要成本及收入

而第二任及之后租商的这笔费用能不能通过转让费的形式收回来,一般来讲是很难的。因为每个人对于门店的品类和装修要求都不一样,你的装修和设备对于下一个租客来讲不一定是有用的,折旧的比例很高,就不能为后期的经营增加太多价值。

所以,第二任及其之后的租商对于装修以及设备的投资,在转让的时候,很大程度上是很难完整收回来的,不能像首任租商那样可以通过转让费的形式来弥补。因为他们在接手的时候已经存在了转让费,所以在后期的转让中收取的只是与当初接手时的转让费相抵消了,就算能够稍微增加一些,也不会太可观,增加的部分远远不足以冲抵装修以及设备的成本(如图3-2所示)。

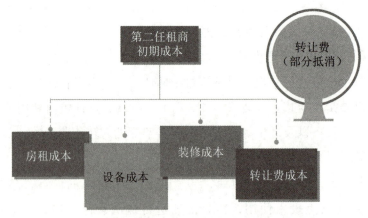

图3-2 第二任及之后租商转让的主要成本及收入

因此，在转让费这个问题上，我们必须清楚，想通过转让费的形式回收我们的固定投资是非常困难的，大多数情况下只能回收一小部分，因为对第二任及其之后的租商来讲，本质上就已经是经营权附加房租设备的一个转让了。

对于接手的一方来说，他也要分清楚是整体转让还是空房转让，虽然价格不会相差很多，但是如果做的品类差不多的话，有些设备还是有利用价值的。

这里我们说一下，转让都有一个前提，就是必须得在租期之内完成转让交接，否则租商的经营权就会被收回到房东手中。

另外在接手之前也一定要问清楚上一任租商的转让原因，如果是因为拆迁、修路等不可控因素而导致的转让，是万万不可接手的。

### 3.1.2 转让费的分配

一般而言，转让费是直接由上一任租商获取的。但是如果碰到一个比较难打交道的房东，可能会要求在转让费当中抽走一部分的利益。其实这对于转让方和接手方都是不利的，这是房东仗着自己的身份进行的一种索取。他之所以能这样做，很大程度上是因为转让方在当初没有跟房东进行明确的合同约定，只有一个粗糙的租赁合同。所以，在接手的时候必须跟房东签订尽可能详细的租赁条件，以防有后顾之忧。

### 3.1.3 转让费的合理区间

二次转让的时候，二次装修及设备无法将剩余价值充分转嫁到转让费当中，这是因为转让费都有一个合理的价格区间。这个价格区间并不是由单独门店的装修以及设备决定的，而是由这个门店所在的地址以及整体商圈的转让价格确定的。所以当你去问门店的转让费的时候，同一个商业街上的转让费，按单间算的话，不会差很多。因此，当我们想确定一家店的转让价格是否合理的时候，我们可以问一下这家门店相邻的一些门店的转让费，作为参考。

当然也有一些特殊的情况，那就是上一任租商以赚转让费为目标，转让费远高于同区域内的其他店铺。这时候你可能会有一些疑问，转让费不是连投入成本也覆盖不了吗？怎么能拿来赚钱呢？

其实这是一些投机的餐饮"老鸟"的高端玩法，并不适合刚入局的餐饮"小白"，但是可以了解一些，以免踏入陷阱。

这种做法一般称为"炒店"，而且往往是恶意的。这些人在炒店的初期，会故意寻找一些半死不活的门店，以低于市场价的价格接手，并简单地装修，然后通过各种方法，将原本萧条的门店炒作得非常红火，让人有一种日进斗金的感觉，但事实上这种做法大多数是不挣钱甚至是赔钱的。然后这些人会在生意最红火的时候进行转让，这时候因为很多人看见这家店的生意很红火，有接手意向的人自然络绎不绝，就在无意当中推高了这家店的转让费，甚至出现竞价转让的情况。从本质上来说这就是一种"泡沫"，有人正式接手之后就会发现，生意很快会萧条下来，最后受益的只有"炒店"的人。

所以，这种"炒店"行为带来的转让费是不理性、不符合市场情况的。在寻求转让店铺的时候，我们也要理性看待，不能做"接盘侠"。

## 3.1.4 故事：我的门店转让费

我转让接手过几次店铺，转让费也交了不少，但印象最深刻的还是第一次，在我还是"小白"的时候。当时我比较着急，想尽快找到一家合适的门店。起初看到一家合适的门店转让费是5万元，但在谈判的时候我表现出比较看中该门面，同时又非常着急之后，上一任租客又临时加价，说有好几个人都看中了这个门店，只能兑给出价更高的人。由于一时之间找不到更好的门店，再加上我是"小白"，我只能以8万元的转让费接手了这家门店，高出了市场价3万元。

所以在谈转让费的时候，我的心得是，即使这家门店的位置非常好，各方面都非常符合你的要求，也不能表露出过于急切想要接手的意愿。碰到一些不太和善的人，就会吊你胃口，想不加价，甚至想减价是很难的了。

## 3.2 见房东

### 3.2.1 见房东的必要性

转让的时候，因为要签租房合同，所以与房东的沟通是免不了的。虽然转让给你的是上一任的租商，但是房屋的真正所有者是房东，所以涉及房租和房屋的一些细节问题，比如水电交接，还是得与房东亲自交谈协商，或者与有法律效力的指定代理人进行协商。

在我们与房东见面之前，可以先让上一任租商把他的租房合同给你看一下，作为参考。

在与房东接触过程中，可以大致了解房东是否可靠，人品如何。靠谱的房东可以在开店初期给予你不错的便利，比如在店铺装修时期，可以给予1~2个月的免租期，这对于新店来说是难能可贵的，不过这样的房东确实很难遇到，通常只有商场会这样运作。

而有一些不上道的房东，初期只跟租商签订了不超过一年的短租期，其实为的就是看看生意怎么样。如果你的生意越来越好，做得有声有色，那么他的房租也会水涨船高，令租商的压力越来越大，哪怕表面上生意很好，但细细一算，利润却很微薄，沦为为房东打工。

更有甚者，当房东看到租商的生意非常好，就会以各种理由刁难、逼迫租商到期退租，不再续约，从而生意无法继续。然后房东自己接替租商，继续做之前的生意。而在这个时候，被退租的租商辛辛苦苦创建的品牌和积累的顾客都将被房东抢走，因为顾客往往是盲目的，只要房东能够保持租商的水准，就能继续获得稳定的客流。

那如何辨别房东是否有这些倾向呢？最直接的方法是询问上一任的租商，让他谈一下对房东的看法，如果要更全面了解的话，可以侧面询问房东，是否有其他商铺，可以以考察为由去看一看，然后询问已经租下的租客或者相邻店铺的租客对房东的看法。

### 3.2.2 遇见二房东怎么办？

很多时候，我们不会细究租给我们的房东是不是真正的房东，但是二房东甚至三房东与原始房东之间还是有很大区别的。

大房东是商铺产权所有人，法律保护的是产权所有人，所以任何合同的细节，原则上大房东都得同意。

如果前期是跟二房东甚至三房东签订的合同，后期大房东不同意，那也是会产生纠纷的。

跟大房东签合同相对简单，如果是空铺的话，一般只收租金，没有转让费，除非地理位置很好。跟房东直接签合同，房租也相对较低。所以租店铺最好是找空房转让的门店，运气好能享受与首任租客一样的待遇，没有转让费，并且与大房东直接签合同。

那么怎么知道对方是不是真正的大房东？很简单，只要有房产证来证明基本就可以了，最好是正本，并且与本人身份证统一。

但现实的情况是，很多时候，我们要面对二房东甚至三房东。他们分两种：一种是专门做这种生意的，到处去租店，然后转手把店租出去，赚取利润；另外一种是本身在这个店做过生意，经营不行，然后才把房转租出去，赚差价。

所以，租店铺签约前一定要先核清房东的资质，这并不是说二房东就一定不行。如果确认是二房东，就需要核清他与大房东的合同，确认他与大房东的租赁关系、租期和涨租方式。

### 3.2.3 历史遗留问题

在上一任租商的经营过程中，可能会有一些遗留下来的问题，涉及各个方面。

首先是询问上一任租客，是否存在人员工资拖欠、供应商货款拖欠、营业执照担保贷款等问题，虽然这与你没有直接关系，但是或多或少会给将来的营业带来一些隐患，例如人员上门讨薪，供应商、讨债方上门催款，这些出现在门店当中都是对经营不利的，所以最好还是让上一任租商把这些处理妥当。

其次是各项税务缴费有无拖欠。这些在租房之前作为接手方，需要亲自到工商管理部门、税务部门了解应缴纳税费是不是缴清了，是否存在罚款，如果有问题的话，上一任租商需要到相关部门解决，并且将发票复印保存。

如果这一类工商税务应缴税费没有缴清的话，将可能会有营业执照过期、作废、停业整顿和罚款的风险。

与此同时，还要到供电局、供水公司，燃气公司、供暖公司等相关单位了解上一任租商对于这些费用的缴纳情况。如果没有缴清，就要让上一任租商将未缴部分缴纳完毕，并将发票复印保存。毕竟谁都不想一接手一家门店就遭遇停水、停电、停气等情况。

所以，在转让接手之前，不要仅仅凭上一任租商或房东的一面之词，而要有自己的想法，亲自验证，不怕一万只怕万一，前期的谨慎都能为后期带来更好的保障。

### 3.2.4 故事：我遭遇的房东

我在接手门店的过程中，也和房东打了不少交道。令我庆幸的是，我遇到的绝大多数房东都是比较靠谱的，但也有比较糟心的。

就在我的中式定食店选定了商圈，寻找转让门店的期间，有一位商圈内的房东主动联系到了我，还带我参观了他的门店。

门店就在我理想位置不远处的商业街，综合来说还过得去，但是好像很久没人来看的样子。对此，我有疑问，老板有点闪烁其词，只说房租可以给我优惠，难道是我捡到宝了？这显然是不可能的。

在后来通过与周围门店的店主交流中，我了解到这位房东原来是失信人员，名下房产随时有被执行没收的风险。

所以天上不会掉馅饼啊！

## 3.3 查看房屋

打算租铺时，还有一个方面是需要注意的，就是查看房屋的状况。如果没有检查，对今后的经营也会或多或少有影响。

### 3.3.1 是否能做餐饮？

现在有很多地区的空置商铺，出现了这样一种情况：可以招租，但是无法从事餐饮业。为什么会这样呢？因为餐饮业与其他行业相比有一些特殊的地方：第一是它容易产生油烟，对环境有影响；第二是对房屋的改动比较大，因为餐饮的装修和区域分隔都比较独特，专业性更强。所以，在如今环保问题日益严重且相关部门也在严格要求的情况下，许多商铺将餐饮业经营排除在外。

这是房东直接说明无法从事餐饮的状况，除了这种状况外，还有一些状况也容易导致门店无法从事餐饮。例如商铺是商住楼的底商，或者紧挨着需要修排烟管道的地方有居民楼。这种情况下，按规定来说想要从事餐饮也是比较难的，因为根据《中华人民共和国大气污染防治法》第八十一条规定 "禁止在居民住宅楼、未配套设立专用烟道的商住综合楼以及商住综合楼内与居住层相邻的商业楼层内新建、改建、扩建产生油烟、异味、废气的餐饮服务项目"。

在现实生活中，可能并没有这么严格，有些商铺也一直在正常营业，但是油烟和噪声势必也会给周围及楼上的住户造成一定的困扰。如果情况比较严重，住户向相关部门投诉，那就比较糟糕了。

那我们怎样避免这些情况呢？如果是底商，那就需要做好前期功课：首先要让楼上的住户都签署同意开餐饮的相关文件，其次需要在油烟的排放上达到标准，需要有全套的排烟设备和净化设备。

当然，最简单的方法是直接用原先就是餐饮店的商铺，这会给你省下大量的时间成本，但是也需要检查一下之前的证照是否齐全，以及转让的原因，看是否涉及该商铺不能从事餐饮的情况。

## 3.3.2 房屋基本情况

**1. 形状**

对于商铺而言，有一个好的外形，是非常重要的。首先在外观上可以给人留下良好的印象，其次对店内也有更好的展示空间。

大多数商铺是长方形，但长方形也有着高低之分。以长的一边作为开间，那么，就会获得更多的展示空间，能用更大的空间来制作门头和招牌，从外面看，也就更能锁定顾客的目光。而如果是以短的一边作为开间，那么能用来制作门头招牌的地方就很有限，想要吸引客流也就变得更加困难。

还有一些是转角的扇形商铺，这种形状的商铺是非常好的，能够充分地展示门店招牌以及店内情况，同时转角的商铺客流量一般也比单边的商铺高。

**2. 格局**

除了形状之外，房屋内部的格局也值得注意。我们首先需要观察，房屋原本装修的区域分隔是否能够满足门店的需求，如果之前的装修大体格局上不用变化，只需要进行局部的区域分隔或者改变，那就会简单很多，也能省下一部分资金。例如上一个租商已经分隔了两个区域，大小比例合适，刚好成为厨房和大厅的分隔，那就可以利用起来。

但大部分情况是要重新分隔区域进行装修。通常现在的房屋都是框架结构，内部的墙体基本能够拆除，这就给门店的装修提供了很大的方便。但是在一些比较老的商圈或底商，可能还存在着承重墙结构的商铺，这些商铺相邻两间中间的墙是承重墙，无法完全打通，这就给重新分隔区域带来了困难。但是也不用太担心，我们可以通过重新布置格局来优化，只是利用率可能会有所下降。

**3. 楼层**

在查看房屋的时候，还要留心商铺所在楼层对于门店的影响。

店铺所在的楼层不同，适合的餐饮店类型也会不同。如果是在一层，那适合的是和"快"相关的品类，至少出餐的时间不能太久，因为一层的客流是最密集的，快速出餐能够充分利用客流提升成交率。如果商铺在二楼，甚至三楼，由于可接近性变差，客流也会衰减。

所以对餐饮商铺来说，每一层的商业价值都是不同的。一般情况是：一层>二层>三层>三层以上。

如果是安装了电梯的高层商铺，那么它的价值是一层高于顶层，顶层高于其他层，这通常出现在商场等大型综合体中。

### 3.3.3　店内装修情况及设备的检查

对于整体转让的商铺，我们需要对商铺内装修以及设备进行一些评估和检查。如果做的品类相近或相同，那么设备很大程度上是可以共用的，不过如果是专业度比较高的设备，最好是请专业人员陪同进行一些检查。

但是装修并不能原封不动，如果是因倒闭转让的店，必定会有一些负面因素，不能让顾客感觉老店和新店没有一点变化。所谓"新人新气象"。

另外就是餐饮对于水、电、气是有特殊要求的，比如电气设备很多的情况下需要三相电，如果电路容量不达标，是无法使用的。所以，在检查房屋的时候需要查看这方面是否能达到所需的要求，如果没有达到，可以问一下房东能不能进行扩容。

### 3.3.4　故事：掉了一回坑

我的一个同学之前一直从事公务员的工作，这两年乘着"大众创业，万众创新"的热潮，也想下海闯一闯。不久前在自己小区附近的商住楼下面租了一间商铺，准备从事餐饮。

在租这间商铺之前，我的这位同学也是比较粗心的，并没有将商铺的一些细节问题搞清楚，便从上一任租商手中接手过来。上一任租商做的不是餐饮，与房东签订租房合同的时候，也只是按照上一任的样板，主要是明确了租金，并没有增加餐饮相关的细节问题。

当我的同学刚刚开始装修，正准备一展身手的时候，楼上的住户找上门来，对他说不能从事餐饮，还说政策本就如此。

这下可让他慌了神，本来想顺顺利利地租铺开店，打算红红火火干几年，这下门还没开就被阻拦了下来。等他缓过神来,才知道原来商住楼的底商对于餐饮业有诸多的限制,并不是原先所想的那样,房东同意就可以。

据我所知,之后的装修耽搁了很久,同学也是好说歹说,终于让住户们同意了,并且保证不产生过多的油烟。这令他不得不对当初选好的品类重新进行更改,变成油烟产生较小的品类,同时在我的提醒下,在排烟净化上也下了挺大的功夫,费尽周折之后才算是开张了。

所以在租商铺之前,要尽可能详细地了解商铺的信息,否则一不小心就可能"掉进坑里"。

## 3.4 签订合同的注意事项

### 3.4.1 转让合同注意事项

在与上一任租商签订转让合同时,有一些事项是值得注意的。

(1)签订转让合同分为三方协议和双边协议。三方协议需要房东到场并且签字。这是房东同意上一任租商转让的证明,以防止到时候大房东不承认转让协议,同时也明确一下房屋的产权是大房东的。而双边协议是接手方与上一任租商签订的。但是签订双边协议也有一个前提,就是上一任租客与大房东签订的租赁合同中有可以转租或转让的合同条款。如果没有这些条款或者与大房东的合同当中明确规定不能转租或转让,那么这样的双边协议是无效的。

(2)上一任租商和承租方的基本信息也要写清楚,包括姓名和身份证信息,这些是最基础的。

(3)关于原有装修以及设备的问题。如果是空房转让,那么在签订转让合同之后的指定时间之内,上一任租商要将商铺内的物品和设备拿走,超过这个时间,剩下的均认为是放弃所有权。

如果是整体转让,那么上一任租商在收到转让费之后,商铺的一切装修设备以及经营权，自动归接手方所有。

（4）转让费的包含项目。与上一任租商交流转让费内容，需要和他明确转让费所包含的项目，并且要在合同中标明。如果他的转让费只是一个经营权的转让，并不包含设备以及装修的费用，那在后期很有可能造成一些纠纷。所以我们要在一开始就和上一任租商明确好转让费是否已经包含了所有的所需费用。

（5）剩余的租期问题。我们需要与上一任租商明确好剩余的租期是多少，折合多少钱算入转让费当中。

（6）债权债务问题。在上一任租商手中，如果存在一些和门店相关的债务问题，就需要在转让合同中写清楚，这些债务问题全部由上一任租商负责，与接手的人无关。

（7）营业执照的交接。转让完成后建议马上办理新的营业执照，万一发生食物中毒等牵涉法律范畴的问题，双方就会产生纠纷。所以以防万一，在合同当中也要写明，转让过后需要让上一任租商先行注销营业执照以及税务登记证，然后自己再进行注册。

（8）意外因素。这里的意外因素一般是指自然灾害和政府征用拆迁修路等，自然灾害自不必说，属于不可抗因素，接手方的损失与上一任的租商无关。但如果是因为政府工程而导致的店铺无法正常营业，甚至直接拆除，则要根据实际情况与上一任的租商进行协调。所以合同里需要明确：如果是在签订合同之前政府就下达了拆除或修路的通知，那么需要全额返还转让费，并赔偿接手方装修的相关费用，因为这基本上是属于恶意欺骗。如果是在合同签订之后，政府才发布相关通知，而上一任租商对此也确实并不知情，那合同中可以根据实际情况双方协商解决。

### 3.4.2 商铺租赁合同的注意事项

（1）续租的问题。如果签订的转让合同是与上一任租商的双边协议（在大房东同意转租的情况下），一般来讲，在这之后需要直接与大房东重新签订一份下一年的商铺租赁协议。

（2）租金的问题。我们要跟房东约定，每年租金的调整幅度是多少，达到了什么样的条件可以调整房租。这些也要提前写到合同当中。

（3）转租的问题。如果想要再次转租或转让必须得到大房东的同意，所以在租赁合同的条款当中也要加入可以转租或转让。

（4）装修的问题。首先要明确是否有装修的免租期。其次在免租期内一般水电气的费用是不免的，仍需要按照合同内的约定来计算。如果在装修当中有特别的搭建和改建，那么需要跟房东提前知会，征得同意，以免日后出现不必要的纠纷。最后在租赁期满之后，装修的处理方式也需要跟房东进行协商并且写入合同当中。

（5）物业费等各项杂费的问题。关于房产的物业费以及维修费等各项杂费，应当在合同当中明确标注到底由哪一方承担。

（6）租赁期间出售。如果遇到房东在租赁期间将商铺出售或者抵押等这类问题，也要提前在合同当中写明租赁方有继续租赁的权利，否则需要赔偿相应的损失。

（7）违约的问题。关于各项问题，都需要明确双方的违约条件和责任，才能对双方产生约束。

（8）登记备案。签订租赁合同之后建议在房产交易中心办理租赁的备案登记，能够更好地保障双方的权益。

### 3.4.3 故事：我与房东的纠葛

在做"精致定食"这条路上，我一直都不是特别顺，在我与转让的租商谈判的时候，便出现了一些我意料之外的事情。

本来我与上一任租商已经协商好，转让费也谈妥了，就差签转让合同。这时，大房东突然出来跟我说他并不同意将房子转租给我，因为他并没有同意上一任租商擅自转让或转租，这次的交易无效，并且他不能接受做餐饮。这下可是吓坏了我，因为我的定金都已经交给了上一任的租商，他还信誓旦旦地跟我说没有问题，签完转让合同就可以了。看来当时的我还是太年轻啊！他说了那么多，却没有让我看过他与房东的租赁合同，而我匆匆忙忙交了定金。

直到后来追问，我才发现，原来是大房东与上一任租商的合同当中，并没有明确规定是否能够将商铺转让给另外的人，这才出现了这一幕。虽然房东一时间不同意，但我还是没有放弃，联系了上一任租商和房东，给他们做思想工作。我也承诺在油烟和噪声方面一定会处理好，并且在合同当中明确餐饮相关的责任。

虽然大房东一开始不太情愿，但也算是个通情达理的人，几番诚心的交涉之后，最后还是妥协了，但前提是必须得分走一部分转让费，而我和上一任租商也得重新跟大房东签一份三方协议。

虽然不是很愉快，但结果还算令人满意。有了这次的经历，以后碰到相同的问题时也有了更丰富的经验。

# 第4章　前期准备

如果你租到的店各方面都比较符合要求，转让费和房租价格占整体预算的比例也合适的话，那么就可以进行下一步，也就是正式开启我们的餐饮之路。那么在最初的时候应该做些什么呢？这需要仔细想一下，进行一个梳理。

## 4.1 开张预算

门店初期的各项开支都是比较大的，特别是装修与设备的采购这两项固定投入，初期占比是最高的。我们需要做出针对这两项的预算，尽可能用有限的资源发挥出更好的效果。而这个预算的额度我们根据什么来计算呢？一是根据自己的实际资金情况，二是根据我们的预估营业额。

### 4.1.1 预估营业额

怎样知道我们门店的预估营业额呢？有三项数据是比较关键的：一是客流量，二是转化率，三是客单价。

其实，预估营业额的本质就是：客流量×转化率×客单价（如图4-1所示）。客流量的测算方法和客单价的制定，我们在之前的章节已经介绍过，现在我们着重来讲一下转化率。

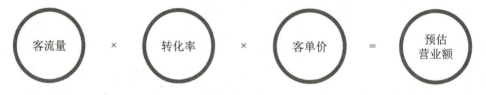

图4-1　预估营业额

转化率的概念其实就是在客流当中，真正到你的店里来消费从而产生价值的百分比。那我们要通过什么方式来计算出转化率呢？

其实有一个比较简单易行的方法，那就是找到与你品类产品相同、口味相近、目标客群相似的门店，以这类门店为样板，计算出它们的转化率，就能够得到一个比较相近的数据。

有了这些数据，我们就可以预估门店的营业额了。

那营业额与我们的预算有什么样的关系呢？首先我们要知道营业额直接关系到我们的盈利数据，或者说是回本周期。前面我们说过，一般的回本周期在8～16月，在已经知道预估营业额的情况下，前期成本的投入越高，成本回收的周期就越长，所以我们需要根据预估营业额的情况来计算前期投入的成本预算，在保证各方面的效果和需求下，使回本周期尽可能缩短。

那么预算该怎样控制呢？我们可以着重于以下几个方向。

### 4.1.2 预算的控制方向

**1. 装修**

门店装修的风格与模式在很大程度上决定了装修的投入大小，而装修的风格与模式又与餐饮门店的品类相关。所以，首先要结合自己的餐饮品类，思考一个适当的装修风格，或者换个说法，你必须有一个框架，在你脑海中你理想的门店是什么样子的。

当然预算要符合自己的实际情况，不能因为过度追求门店装修风格而预算超标，所以在思考完自己的风格框架之后，一定要根据预估营业额确定最终的预算。

**2. 设备及杂项**

设备的费用占比也是比较高的，那么，这一块的预算我们怎么控制呢？

前期需要哪些设备，特别是必要的设备，我们可以一样一样地列出来，整理成采购清单，可以比较直观有效地计算需要的预算。同时采购清单上要写清楚对设备的要求以及应用的场景环境，这样能在将来采购的时候更有针对性。

当然，设备的需求跟门店的产品菜单是有直接关系的，与此同时，需要进行产品的开发和菜单的设计，而这项工作又少不了招聘的厨师或员工的参与，所以对需要的岗位进行招聘也是在同一时间进行的，在接下来的几章我们会具体进行探讨。

除了这两个方面，还有一些杂项，一两个看起来没有多少钱，但总数加在一起也是一笔不小的费用,例如餐具、包装、工作服和其他消耗品等,因为初期是一个从无到有的过程,所以耗费还是不小的。有人会问如果上一家门店也是餐饮,留下来的能不能用呢?一般来讲是不用的,体现细节的地方,特别是像这种细小杂项,不管是用在顾客,还是用在自家员工身上的东西,当然是全新的感觉会更好。

开张之前在这些方面做好预算,能够很好地控制投入的成本和风险,前提是要严格把握预算的额度,不能一超再超,那就没有意义了。

### 4.1.3 故事:我的营业额预估与预算

我的餐厅定位是精致中式定食餐厅,设定的客单价是35元,一天之内路过我门店的客流,经过计数大约是5 000人,那我怎样知道实际到我门店内的客人有多少呢?

我观察了一下隔壁区县的精致定食餐厅,发现他们的转化率在3%。如果我的餐厅转化率也与它相近的话,那么日均营业额大概是:

$5\ 000 \times 3\% \times 35 = 5\ 250$ 元

接下来,我粗略估计了一下需要投入的预算。

按照平均回收周期1年来计算,真正的工作日大概350天。

按照350个工作日计算,总营业额大概是:

$350 \times 5\ 250 = 1\ 837\ 500$ 元

如果成本控制得当,纯利润按照20%来计算的话,大概是:

$1\ 837\ 500 \times 20\% = 367\ 500$ 元

所以,如果我想要在1年内收回投资额,那就必须把投资预算控制在367 500元以内。

当然这是理论数据,现实会有不同,但只要不出现大的偏差,数据基本上还是可靠的。

然后就需要一步一个脚印地做好每一件事情,把理论的数据慢慢变成现实。

## 4.2 一个好听易记的名字

一家餐饮门店的名字，在它的经营当中起到重要的作用。名字是顾客对餐厅的第一印象，所以一个好的名字在某种程度上能为餐厅加分。那怎样的名字算好名字，又有哪些取名的诀窍呢？

### 4.2.1 店名的重要性

既然门店的名字是顾客了解餐厅的第一印象，那么怎样在第一时间通过店名吸引住顾客，就变得很重要了。

首先我们要知道，人都是健忘的，我们不会为了随便看到的一样东西而去刻意记忆，就像满大街的店名，我们无法将每一家都记清楚。所以门店取名必须在顾客的脑海中形成冲击，让他在第一时间就有想要了解的欲望，并且这个欲望是与他的需求密切相关的。

与此同时，店名也必须让人容易记住，这非常关键。来过一次的顾客，如果因为想不起店名，而无法把门店推荐给身边的人，那就着实可惜了。一般而言，店名以2~3个字为宜，不宜超过4个字，过多的字数会增加记忆难度，从而不利于门店的推广经营，除非你的店名具有很强的传播影响力。

这种传播影响力对门店来说是很重要的，一个好的店名自身就可以带来不小的流量和曝光，而且这种曝光都是顾客自发式的，无论是新顾客还是老顾客，看到这个店名都有一种想要传播和分享的欲望。这就需要店名与品类达到某种奇妙的"默契"。

### 4.2.2 取名的方式

在日常生活中，餐饮门店随处可见，有哪些餐饮门店是我们能记住名字的呢？可能只有很少一部分。能被我们记住的餐饮门店的名字有哪些特征呢？

首先要考虑一下，我们想要这家店成为什么样子，然后结合门店的最明显特点思考一下。

**1. 突出卖点与经营理念**

首先店名要让别人知道你是做什么的。产品的品类、口味与经营风格，还有最重要的特色，都可以在店名上展示出来，例如门店是烧烤的品类，可以叫作××烧烤屋、××风味烧烤、烤天下等，核心围绕着"烧烤"这一品类。如果你的经营理念非常独特，也可以把它带到店名当中。

**2. 以姓氏起名**

现在的餐饮门店，也有采用姓氏为前缀来作为店名的。例如谭家菜、大方传统菜、老李锅盔等，这些店名采用经营者的姓作为记忆点，结合餐饮品类，显得十分接地气，让顾客有一种亲切的感觉。

**3. 与自身品类档次相匹配**

毋庸置疑，门店名字也是有档次高低之分的。在取名的时候我们不能一味地追求高大上，而要与自身的档次以及定位相匹配，这样才能展现出更好的效果。例如一家小吃店，非要叫酒楼，会给人一种啼笑皆非的感觉。所以一个好的门店名字，展现给顾客的感觉一定是与门店内的氛围相符合的。

**4. 以地区命名**

我们知道，不同的地区，餐饮的风味和特色各不相同，有些地区的餐饮特色广为人知，具有很高的知名度。区域美食往往与乡愁挂钩，如果你做的品类具有地方性浓郁的特征，被吸引进店的可能只是熟悉这类地域特性的顾客。所以，如果你的品类的地方特色足够突出，不妨试一下以地区来命名，可以更加突出门店的区域属性。

**5. 副标题**

我们在店名的后面，还可以跟上一个副标题或者口号，作为门店的定位和宗旨，可以更精确地吸引目标客流。例如："×××小吃，个性口味，专为挑剔的你"。这个副标题就给看到的顾客一种明确的表示：来门店里就餐，并不会有千篇一律的味道，而是会根据顾客的喜好进行烹饪加工，使顾客能有更好的用餐体验。

当然也可以直接把你的经营品类写出来，让顾客看上去一目了然。

### 4.2.3 门店起名的注意事项

门店的名字虽然可以自由发挥，但也有一些注意事项需要考虑，并不是想到什么都可以用。

**1. 不能侵权**

现在的山寨品与版权纷争泛滥，冒用他人的店名，或者与大牌起相近的名字，让人容易误解，是不可取的做法，一来容易被误认，二来如果大牌较真的话，还会招来一些不必要的麻烦。

**2. 符合法律规定与当地民俗风情**

在起名的时候，法律规定的、有损于国家和社会公共利益的、可能对公众造成欺骗或者误解的名字不能取。此外，我们也不能为了亮眼而取一些与当地风俗冲突的名字。

### 4.2.4 故事：我的店名

我在起店名的时候，一开始也是左思右想，不知道该如何着手。但静下心来仔细分析一下自己门店的优势、卖点及经营理念之后，慢慢有了头绪。

在我的心目中，美食是记录情绪和反映人的性格的东西，所以我也是希望把门店的气氛做得比较温馨，让顾客能够在这里记录美好与开心，或者悲伤与犹豫。

有了这样的经营理念，我就以它为中心，最后把中式精致定食餐厅取名为"美食日记"，寓意为"以美食来记录每一天"。但是卖点并不是很明确，所以副标题选择"精致定食""中式轻餐"来突出卖点品类。

## 4.3 店铺的经营模式

在初期的准备当中,要设定好店铺的经营模式,因为这会直接影响今后日常经营的整体效率和顾客的体验感。

### 4.3.1 什么是经营模式?

很多初次接触餐饮的人,不太明白什么是经营模式,认为只要客人下单,做好食物,然后收钱就好了。当然,这也属于经营模式的一种,但是这种模型太过粗放,只适用于小型的夫妻店或者街边的小摊。

那么完整的经营模式是怎样的呢?

经营模式,需要考虑的是顾客从光顾这家店,到选择菜品,到下单,再到用餐,最后买单的整个流程,而这些主要在餐厅的前厅进行。

不同的品类在经营模式上也各有不同,各个环节也会存在一些差别。例如自助餐和正餐,采用的经营模式就完全不同,有的经营模式以高效率为中心,有的经营模式以服务为中心,这都需要根据你的门店定位、所属品类来进行设计。

一个好的经营模式能够在经营当中起到十分重要的作用,可以为门店节省大量的资源,同时也能给顾客带来更好的用餐体验。

还有一点,经营模式一旦确定,就无法轻易作出更改,因为门店的一些配套设施、人流动线以及人员的岗位分配都是围绕着这个模式进行的。

### 4.3.2 选择怎样的经营模式?

我们来分析一下现在主流的一些经营模式。

每一种经营模式都分为客户端和门店端两种流程,这两种流程是相互对应的,但我们分开来看,可以对细节有更好的了解。

**1. 全自助模式**

全自助模式基本是用在自助餐厅。

采用的收费方式是按人头进行收费，大多是属于先买单后消费的类型。因为是自助形式，所以就不存在点菜、上菜的环节，都是顾客自己操作了。

顾客端的基本流程是：买单—凭票落座—自助选餐取餐—就餐—完毕。

门店端的基本流程是：吧台收银—领客落座—保持备料—收桌清洁—完毕。

整个流程当中，每一个步骤都需要关注，例如在落座的环节，座位需要分区域开放，并不能随顾客喜好落座，领班和服务员需要根据实时的入座率情况对开放区域进行调整。在这样有把控的落座情况下，可以使餐厅内的入座视觉效果更好，氛围也更和谐。

在自助选餐的环节，有一些需要注意的，一些高价值和高期待值的产品，往往是在客流的高峰期之前才被端上备餐台的。一来可以最充分地保证食材的新鲜程度；二来可以有一种饥饿营销的感觉；三来可以在一定程度上减轻损耗，降低成本。这就需要备餐厨师来把控。

在顾客就餐的环节，一般餐厅会在用餐中途回收骨碟或整理桌面，但全自助模式，除非顾客要求，这些一般可以省略，这样既可以节省人工，也可以让顾客在心理上产生一种"已经吃得很多了"的感觉。

最后，顾客就餐完毕，清洁员收桌清洁，就完成了一个就餐流程。

**2. 半自助模式**

半自助模式与全自助模式基本相同，它们的区别就在于，半自助模式只有一部分产品是自助不限量的，另一部分的产品则是需要服务员进行点餐来按价购买的。

**3. 正餐模式**

正餐模式与自助模式有明显的不同，正餐模式注重的是较好的服务，所以，在人员配置上，服务员和领班的比重会有所增加。

顾客端的基本流程是：落座—点餐—等餐—上菜—就餐—买单—完毕。

门店端的基本流程是：领客落座—点单—下单至厨房—跑堂—上桌—收桌

清洁—完毕。

在正餐模式的整个流程中，点餐环节是十分重要的，可以分为人工点餐与自助点餐。人工点餐需要设立点餐区，或者提供一本详尽的菜谱，才能够达到一种较好的体验度。而自助点餐，近两年比较流行，因为可以相对地减少人工，也能够在自助点餐的软件当中设置许多个性化的点餐方式，让顾客对菜品有更好的了解，提高点餐的体验度，从而深受各大餐厅的喜爱。

从点单到下单至厨房这个环节，因为正餐厅场景较大，所以需要有较好的点餐系统的支持，可以使每个订单在下单之后，直接在后厨相应的区域弹出制作单，例如一张含有冷菜、热炒、蒸菜的订单，在下单之后，冷菜区就需要弹出相应的冷菜制作单，热炒区就需要弹出相应的热炒制作单，蒸菜区也要同时打印出蒸菜制作单。

从跑堂到上桌这个环节，每样菜品的出品时间是不一样的，所以成品菜品必须有标签，然后上到相应的顾客桌上。

最后，在顾客就餐完成之后，收桌清洁，就算是完成了一个流程。

在前面提到的半自助模式中，如果有顾客下单额外付费的菜品，也需要用到这种操作流程。

**4. 快餐模式**

快餐的收费模式大多与自助一样，属于先收费后就餐，也是以追求效率为主，不同点在于快餐是定量的，属于按需付费。在服务上，快餐追求以精简为主，以达到人员的成本控制。

顾客端的基本流程是：点餐—买单—取餐—落座—就餐—完毕。

门店端的基本流程是：点单—拿餐—备餐—收桌清洁—完毕。

快餐模式的点餐，大多是在吧台前排队点餐，但如果菜品都是提前做好的话，那只需选好后在吧台处结账即可。

因为在快餐模式中，许多菜品是提前做好的，所以当顾客点餐之后，只需根据订单内容直接拿给顾客就好，但与此同时，也要关注备货的多少。

其实，经营模式并不是一成不变的，这里介绍的是众多经营模式中最基础的一些，我们日常当中很多门店的模式以及流程都经过了调整，有的甚至是创新，这跟你所选的品类相关。所以在选择经营模式的时候，可以根据自己的实际情况适当地修改。

我的门店因为是定食品类，所以最初选择经营模式的时候，我自己也有点迷糊，到底是选择正餐模式还是选择快餐模式呢？

想要正餐模式，就要做得比较"重"，各个环节分配的资源比较高，而这样所需的客单价和利润率就会很高，很明显，我所选的品类，无法支撑这么高昂的资源支出。

相比之下，快餐模式比较接近我的实际情况，但是完全照办又感觉有点欠缺，毕竟我门店的客单价设定达到了35元，所以我对快餐模式进行了一些调整。

调整为现点现做，从而提高了产品的质量。

所以，我的门店最后确定的模式流程是：

顾客端：点餐—买单—落座—等餐—就餐—完毕。

门店端：点单—制作—送餐—收桌清洁—完毕。

整个环节中，重点在顾客买完单之后，会给顾客一个号码牌来记录订单的内容，产品制作完成之后，再按照号码牌送到顾客手中。这个过程结合了正餐与快餐模式，使得我的门店在效率与服务体验上能够有一个比较好的平衡。

## 4.4 如果合伙，需要注意什么？

在许多时候，靠一个人的力量可能无法开起一家理想的门店，这时候就需要寻找合伙人。在合伙的过程中，有哪些地方要特别注意呢？

### 4.4.1 看人

选择合伙人，对他的各方面都需要谨慎观察，因为并不是每一个人都适合做合伙人。合伙经营，的确能在初期的资金问题上轻松很多，有人照应也能稍微轻松一点，但是，多了一个拥有权力的人意味着在做决定的时候会带来更大的麻烦，这也是在合伙之前必须考虑的。

既然是合伙，涉及彼此的利益，那么人品就显得尤为重要。一个人在面对各种诱惑的时候，是否经得起考验，最能看出他的人品。如果一个人爱贪小便宜，很自私，把自己的利益放在第一位，那这种人显然不是合伙的理想人选，即使能力很出众，在日后的经营过程中也难免会出现各方面的纠葛。所以选择合伙人，在人品方面，不能太过自私，格局、心胸也要宽广一些，才能长久合作。

当然人品是其中一方面，另一方面还需要观察合伙人的工作态度，如果说合伙人是拥有岗位的，那么就必须做到与岗位的职责要求相对应，不能因为是合伙人而有所懈怠，或者说在心里上有一种高高在上的感觉。我们看到很多合伙人因为彼此之间都是合伙人的身份，同时也担任了某个岗位，但是没有在这个岗位上认真用心地工作，而是把期待加在了其他的合伙人身上，以为自己只需要付出一点努力就可以坐享其成，其实这种工作态度是不对的。这样到最后，只会造成合伙人之间的矛盾，甚至经营上出现严重的问题。我们正确的工作态度，应该是正视自己的合伙人身份——正因为门店的利益与自己直接挂钩，所以每一位合伙人都需要付出足够的努力，才能够对得起合伙人的称号。即使合伙人没有在门店中担任职务，也要尽自己的努力为门店提供相应的社会资源，让门店能够经营得更好，这样对各方来说都是有利的。

与此同时，工作能力的高低也是决定是否与之合作的一个方面。合伙人的工作能力，主要体现在他所负责的工作岗位和拥有的相关知识上，例如负责产品的合伙人，就需要掌握与产品相关的所有知识，并且也需要掌握实际操作的方法，有一定的经验。而负责财务、运营的合伙人要在相关方面拥有足以支撑门店的能力。当然，自己与合伙人的综合能力肯定是越强越好。

### 4.4.2 股份分配

既然是合伙人，那就是对门店有实际投资且享有股权的，后期也是需要进行利益分配的。那么，通常股份分配有哪几种常用的分配形式呢？是不是随意分配都可以呢？

首先，当然不是随意分配都可以的，我们知道股份的多少意味着后期分红的大小，而合伙人股份的占比，除了自己本身的出资金额，还要考虑一些无形的资产，例如技术、社会资源、场地等，这些也可以适当转换成一些股份。当然，门店的创始人，或者说是起到带头作用的人，也应当多拥有一部分的股份。

合伙人除了能够后期分红，还有一样重要的股权，就是在经营中遇到问题和分歧的时候，能够利用股权来进行表决。大多数情况下，掌舵人拥有决策权，这是为了能够在遇到问题和分歧，或意见难以统一的时候，能够有人拍板，做出最终决定。

所以在股份分配方面，下面内容值得注意。

**1. 人数较少**

3人以下，作为创始人要有绝对控制权，拥有51%的股份，带头做出决策，带领其余的小股东。这有利于在经营中取得较高的统一性和高效率。

**2. 人数较多**

自己作为门店的创始人和掌舵者，也需要掌握合伙人中最多的股权，带领整个合作团队，建议在33%以上，同时其他合伙人的股份都不能超过33%。

**3. 不能出现平均分股份的情况**

平均分的股份只能让决策效率变得低下，在合伙人当中每个人都很难起到带头作用，也无法全部跟随某一个人去统一完成决策，所以这种情况是我们需要极力避免的。

除了股份分配等方面，如果遇到一些情况或者个人问题，其中一方的合伙人想要终止合作，离开团队，那么，在这种情况下该怎样保障双方的利益，也是需要提前考虑清楚的，例如，在怎样的情况和时间内，不能撤股，或者撤股时股份的价值该怎样计算。

## 4.4.3 先小人后君子

既然是与人合作，其实最终就是和人性打交道。所以在初期的时候我们就要把该准备的手续准备好，不能仅仅因为感情好、是亲戚朋友等就免去这些流程，因为在利益面前人性是逃不脱的。

如果所做的产品当中，有些配方或者渠道涉及商业秘密，那在初期也需要跟合伙人协商签署保密协议，以此来保证产品的竞争力不受威胁。

最后在心态方面要保持平常心，生意起起伏伏很正常，任何一方的合伙人出现了问题和分歧，我们都要冷静地去面对，一起寻找原因，找到解决方法才是最重要的。如果一味地逃避责任或者埋怨其他的合伙人，那么合作就注定是无法长久的。

### 4.4.4 故事：我与我的合伙人

说起我的合伙人，最开始我想在自己的兄弟朋友当中寻找一位，我认为感情好是最关键的，以后遇到问题也能够凭着深厚的感情化解。但是在与不同的兄弟朋友交谈过后，我逐渐放弃了这个想法，因为在沟通当中我也了解到，虽然关系好、感情深可以给合作带来正面的影响，但这并不是合作的根本基础，在日后真遇到了与利益相关的纠葛，可能最后连朋友也做不成了。

所以我最后选择了曾经一起在餐厅工作过的同事，他也同意与我一起合作，这让我十分开心。我们对于餐饮的理解大致相同，虽然一起工作的时间不长，不到一年，感情没有兄弟朋友那么深厚，但是他的工作能力、口碑和人品让我觉得他是值得信任的人。

# 第 5 章　装修

装修是开店之前一个重要的环节,装修的档次与好坏决定了顾客在门店的环境体验度。但装修并不是一味地追求高大上,而是需要结合自己的品类来进行评判。同时在装修的过程当中也有许多方面是值得注意的,例如选择什么风格、什么时候装修、装修的布局要点,都需要有一些相关的经验才能够做好。

装修是需要一个过程的,一般来说,需要工程方与设计方共同参与,如果是装修公司,就合在一起了。

（1）选择施工单位和设计师。

（2）实地测量。

（3）出门店平面图。

（4）与设计师沟通设计方案,设计平面图、效果图、施工图。

（5）与施工单位沟通施工方案和资金预算。

（6）进行施工,同时需要进行监督。

（7）施工完成后进行验收。

## 5.1 设计

这里可能有人要问，我们在装修之前，到底是否需要找专业的设计师进行设计呢？这个问题其实并不是非常难回答，但也需要分开来进行判断，下面就让我们来分析一下。

### 5.1.1 设计的必要性

首先，什么时候不需要进行设计呢？

如果你的门店只是一到两间的小店面，内部空间不是很大，同时你所做品类的目标客群对门店的环境因素也没有很高的敏感度，在这种情况下是可以不需要特地进行设计的。

举个例子，你如果选择在居住区的商圈内部开一家大众面馆，做的也是当地家常味道的面，并没有很浓烈的区域特色，在这种情况下，不需要太强调环境因素，也没有必要专门请人对门店进行设计。因为这类客群主要的需求就是方便、干净、快捷、口味好。

在这种情况下，只要自己具有相应的审美能力，与装修公司进行沟通，把自己的想法告诉他们，一般都能够达到预期的效果。

那什么时候需要专门进行门店的空间设计呢？

如果你的门店空间比较大，或者所选的品类非常有特色，具有很强的区域特征，并且目标客群对装修环境有一定的敏感程度，在这种情况下你可以考虑让专业的设计师为你打造一份空间设计的方案。因为在空间过大的情况下，靠自身的非专业能力，很难做到充分利用空间，同时又要保证各功能区之间的动线顺畅。此外，具有特色的品类在经营初期，或多或少都会面临顾客解读难的问题，这就会影响吸引顾客回头。所以，专业的设计师能够最大限度上利用各种方式来降低顾客解读产品特色的门槛，同时也提高顾客的体验好感度。

举个例子，如果你所选择的是奶茶与甜品都有的茶饮店，并且位置也选在了白领聚集的商业商圈。这种情况下，门店的装修是绝对不能差的。首先，白领这一类客群是非常强调生活品质的，讲究的是情调，如果选择在店内用餐，一般会选择环境更好、颜值更高的门店。同时，奶茶和甜品，本身的可观赏性也非常强，即使不是白领，也有很多人会在店里拍照、发朋友圈，这时候对门店本身的环境要求就很高了。

### 5.1.2　logo 设计

当然，说到设计，重中之重是门店的logo设计。

那logo设计有多重要呢？很多人可能还不是很重视。我们知道图形所代表的意义往往更容易被人记住，而一家门店的logo就是一个门店的身份标签，人们在经过这家门店或者在门店消费的时候都会看到这个logo，不管是有意或者无意，这个图形都会印入客流的脑海当中并形成印象。看见的次数越多，形成的印象也就越深。如果到后期看到的人足够多，形成的印象也足够深，那么，也就形成了品牌效应。所以在门店的招牌以及顾客能看到、用到的其他部分，都值得附上门店的logo。

那logo怎样设计呢？

如果你不是很讲究，可以把logo交给门店设计师。优点是价格可能会相对比较低，也比较方便。当然门店设计师的专业程度没有那么高，或者只针对门店装修进行设计，无法对logo进行设计，那么只能寻找其他设计师。

面对专门设计制作logo的设计师，可以把你对logo的需求和希望达到的效果跟他进行沟通，这样设计出来的logo会更符合预期，效果也会更强。然后你再把logo交给门店的设计师，让他把logo应用到招牌的设计上，融入整体的门店设计当中，才是一个完整的logo设计流程。

### 5.1.3　软装

作为门店当中的装饰物和营造氛围的方法，软装是一个重要的组成部分，并且软装并不像硬装修那样需要耗费大量的人力物力，或者破坏原有的布局，更多的是通过营造视觉上的效果（例如色彩的调节、饰品的点缀）达到装饰门店的目的。软装利用得好，可以为门店节省不少的装修成本。所以软装是门店装修的一种必要的装修方式。

### 5.1.4 故事：我的门店设计之初

我在确定开"美食日记"之初，就决定聘用专业的设计师来为门店进行装修设计，因为我所选品类的顾客群整体来说对环境要求相对较高，有学生党，也有居住区当中的年轻群体，这些人对品质的追求会较高，再加上所选的品类是精致定食，需要有一个相对好的环境来进行衬托。综合起来看，进行门店设计的意义是很大的。

就拿软装方面来举例，我就下了不少的功夫，希望能尽量提升门店的氛围，增加沉浸感，同时也通过展示一些自身门店的特色，使顾客更加了解我的门店。所以我根据门店自身的经营模式和理念，与设计师沟通，确定了一整套适合自身门店的设计方案（如图5-1所示）。

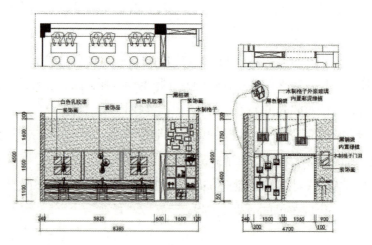

图5-1 我门店的部分软装

## 5.2 风格的确定

在装修的步骤当中，装修风格的确定是一个前提，之前我们已经思考过一个大体的框架和方向，接下来要思考的是怎样把这个框架继续细化，真正落实到门店设计上。

### 5.2.1 风格的决定因素

前面我们提到过，装修风格受很多因素的影响，在这里我们可以仔细地来探讨一下。

品类选择决定风格，在前面我们简单地介绍了一下，不同的品类应该选择不同的风格。那么，有没有一些特殊的品类，在风格上值得注意的呢？

我们要知道，每一种餐饮品类都有它的基本元素，也就是它的核心产品，或者是具有核心竞争力的服务项目。所以我们在门店设计之初，就要抓住这些基本元素，作为门店装修设计的基调。我们可以理解为门店的设计与装修都是为了更好地渲染门店的核心竞争产品和突出门店自身的特色，同时也是为了更好地体现出门店的定位，从而抓住与门店定位相符合的客群。

### 5.2.2 举例：火锅

拿我们现如今常见的火锅来举个例子。

火锅的基本元素是偏向于热情红火的氛围，以及"火锅"这一产品本身。那么在设计和装修的时候，就需要有这方面的元素存在。同时需要根据自己的门店定位来调整装修风格的其他方面，包括装修用料、气氛烘托、主题突出、分布格局等。定位不同，火锅店的装修风格就会不一样。

比如我们最常见的普通火锅店，定位是普通大众，本身也不具备什么特色，所以装修也不用做太高的预算，与此相对的客单价也是比较低的。所以最后的利润也是非常有限的，在一、二线城市，这样的火锅店已经越来越少了。

有一些是有主题的火锅店,吸引的是喜好新颖的客群,这种火锅店装修比较大胆,风格很独特,有些甚至超出了传统意义上对于"火锅店"的理解,让人感觉不光是来吃火锅的,更像是借由吃火锅这一媒介来触达门店的某一主题。所以优秀的主题火锅店在具备良好的底料及配料的同时,还能让你沉浸于门店的主题当中,体验感非常强。在这个背景下,火锅店所采用的装修及设计必然是有很高要求的,因为这时候的卖点,很大一部分是由设计装修的风格带来的。

而另一些火锅店,主要突出的就是口味,定位是注重味道的人群。这些火锅店可能会拥有自己独特的食材或者调味料,那这个时候装修设计的风格是把重心放到特色的产品以及火锅本身上,让顾客通过门店的装修设计来了解特色产品的文化历史及背景,从而感觉食材的品质有保障。

你看,同样是火锅店,定位不同,风格就迥然不同。当然,其他品类也是一样的。

你做茶饮的门店,是选择小清新的风格,还是燃情的风格?做特色小吃的话,是采用地方特色浓郁的装修还是普通的、简单干净的装修?这些都需要根据你的品类本身的属性以及你的定位来确定。

对了,风格的确定一定要提前与设计师交流,因为设计师也能给你很多建议,并且在设计师设计的时候也要时不时地进行沟通,才能保证最后的效果。

### 5.2.3 故事:我的风格

我当初在选择装修设计风格的时候,想到了好几个方案。有小清新的风格,有网红的风格,也有复古的风格,但当时我经验不足,一下子无法确定。

然后我与设计师进行了沟通,设计师也提醒了我,建议我根据自身的品类和定位来进行选择。

我回头一想,我的"美食日记"既然是精致中餐定食,氛围定得比较温暖,那装修也必然需要温暖、精致一些。但是中餐终归还是很难驾驭小清新风格的,所以我把目光放在了复古和网红风格上。

在看过很多例子之后,我觉得网红风格太过于大同小异,很容易给人造成

"一阵风"的错觉,吸引的受众也着实窄了一些,大多是年轻的白领,尤其是女性和学生情侣。

和设计师经过几番讨论之后,我最终决定采用以复古为主要风格,能够最大限度地突出我门店的温暖、和谐(如图5-2、图5-3所示)。

图5-2　门店的装修风格(1)

图5-3　门店的装修风格(2)

## 5.3 设备与器材的采购和定制

风格的确定,解决了门店设计方面的大部分问题,但与此同时,我们还有一件事情需要做,那就是设备与器材的采购和定制。

### 5.3.1 采购时间点

什么时间进行设备与器材的采购和定制比较好呢?和设计师沟通设计方案的时候,是最理想的,也不能再晚。

因为设备与器材本身都有特定的尺寸,而尺寸大小的问题在设计和施工当中是非常重要的。很多时候,把握不准可能就会因为差那么几厘米而导致在装修完成时,设备和器材无法正常摆放,甚至无法正常使用。

所以,我们在与设计师沟通设计方案的同时,就要把我们用到的设备和器材的尺寸以及用途列出一张清单给设计师,让他能在设计的同时把设备和器材的问题考虑进去。当然,不光是在设计方面,在施工的时候也会存在各种各样的问题,所以,需要提前把清单交给施工方,让施工方根据实地的大小尺寸来把握设备与器材是否能够正常安装和使用。总之,设计师、施工方与我们进行了彻底而全面的沟通后,才能把设计图纸、施工图纸与设备和器材结合得更加完美。

### 5.3.2 采购提前

其实,如果你在装修的时候再去挑选设备和器材,时间可能已经不够了,或者说可能会影响设计和施工的进度。因为心仪的东西不是你想找就能找得到。所以,关于设备和器材的选择,一定要提前留出量,也就是我们可以先找好他们的厂家、品牌、款式,如果有定制需求的,也可以提前跟商家沟通好。在所需的设备和器材基本找到之后,就可以把尺寸告诉设计师和施工方了。

如果有些设备和器材实在找不到合适的,无法提供尺寸,怎么办呢?那可以参考一下同类产品的尺寸范围，尽量找到一个自己可能使用的最大值，然后将这个尺寸报给设计师和施工方。这样一来，在将来找到合适的设备器材的时候，就不需要修改设计方案了。

那在什么时候可以下单订购设备和器材，运送到门店去呢？门店装修得差不多，进行扫尾工作时，就可以下单订购，当然，有定制需求的产品，要询问制作时间，提前下单。如果当地有比较好的经销商，那尽量选择当地的，将来可以节省不少的时间，售后服务也相对方便一些，但价格可能会相对于线上高一些。

### 5.3.3 设备器材的注意事项

在选择设备和器材的时候，如果碰到不负责任的厂家或者经销商可能会对将来的经营造成负面的影响。下面是一些注意事项。

**1. 运输**

如果发货地离门店较远，就需要提前协商好运费以及商品的保价问题。这样可以尽可能减少在运输过程中造成的风险，例如运损、丢失。

**2. 质量**

如果我们选择的器材和设备是正规厂家或经销商提供的，出现质量问题的概率很小，但也不能排除，所以在产品运到之后，第一件事情就是要进行检查和试用。如果出现了质量问题，就要第一时间跟产品的厂家或经销商进行沟通，以保证不耽误正常的门店进程。

**3. 售后服务**

设备和器材因为使用率很高，所以在选择的时候我们也需要问清楚是否拥有完整的售后服务体系，包括是否三包及其相关期限，是否上门维修，等待上门维修的时间不超过多少小时等等。因为涉及商用，设备的损坏和维修就意味着利润的流失，所以售后服务越完善，所需时间越短，对门店经营也越有利。

### 5.3.4 故事：我选择的设备器材

我在装修"美食日记"的时候，是第一次选择这么多的餐饮设备和器材，所以一时间无法辨别品质的好坏，于是我就对线下和线上的门店进行了对比和询问，了解了哪些设备和器材是适合我们门店使用的。

经过一番比较之后，我选择了从当地较有实力的经销商那里选购有定制需求的设备，因为面对面能更好地沟通；没有定制需求的设备则选择在线上购买同品牌或者同类别的，相对能节省一些开支。

## 5.4 厨房的装修设计要点

厨房的装修和布局是整个餐厅的重中之重，因为厨房是一家餐厅最核心的部分，它装修与设计的好坏直接影响餐厅的正常运转，所以我们需要非常认真地对待。

### 5.4.1 厨房也需要设计

正因为厨房对一家餐厅而言是最重要的，所以厨房中的各项工作都需要提前进行设计，以求达到最优的效果。同时厨房的设计布局也将直接影响整个工作流程，以至于决定效率的高低。

### 5.4.2 布局要点分析

**1. 功能区域划分**

我们首先要知道，我们需要把厨房划分为哪些功能区域。这些区域与你所选的品类和制作的产品有直接关系。例如做馄饨等面类，就需要汤煮锅为主的设备与器材区域，鸡排、炸鸡等小吃就需要炸炉为主的设备与器材区域。而且这些功能区的设备与器材又需要特定的空间和面积，所以我们在划分区域的时候也要提前知道设备和器材的尺寸。

### 2. 人员动线

人员动线就是我们的工作人员在实际操作过程中所需要的行动路径。每一个岗位都不同，所以在功能区域划分完成之后，我们需要根据人员在实际情景中的行动路径和操作方法来验证一遍区域的划分是否合情合理。

这一点验证是非常重要的，因为在运营过程中人员动线很大程度上决定了效率的高低。如果动线上的人互相拥挤，使用设备和器材需要来回奔走，那将会浪费大量的时间。

那么我们怎样验证呢？有一个很简单的方法：可以在实地根据功能区域的划分进行情景模拟，每个人扮演一个岗位，并且尽可能做得仔细，从入单到成品的整个过程都可以进行多次模拟，这样可以尽可能贴近人员的实际操作。

有些人会问，那为什么我们不能等以后真的实际发现问题了再进行改正呢？这里要说的是，等到区域划分已经定型、设备进场、装修完成了之后，基本没有更改的可能了，因为还涉及很多其他方面，我们接下来会讲。

### 3. 排烟系统

排烟系统作为厨房的核心系统之一，影响的是厨房的整个空气流动和废气处理。所以，安装的时候也很有讲究，排烟系统应该尽可能靠近高油烟、高废弃的设备和器材，这样才可以尽可能提高处理效率。

现在的排烟系统都必须强制安装油烟净化系统，以达到降低废气排放的目的。所以，在安装排烟系统的时候一定不能偷工减料，也不能不装或漏装净化系统；否则，一旦被相关部门检查到或者被举报的话，是会面临处罚的。

排烟系统的功率比较大，对厨房内的气流扰动很大，所以，有需要的话，我们可以再补充一个新风系统来抵消厨房被抽出去的空气。一是平衡气压，二是增强厨房内的空气循环，使工作人员能够有更好的工作环境。

### 4. 供电系统

厨房对于供电也有特殊需求，因为使用了大量的餐饮设备和器材，所以，它的用电总耗非常高，这就涉及线路的总平方数是否能够达到用电需求。如果达不到需求，那就需要到相关电力部门去申请额外的平方数，或者减少不必要的用电设备，以减少用电负担。

另一个比较特殊的地方就是餐饮厨房中有些设备需要380伏三相电，这与我们一般的家用电220伏不同，很多餐饮设备需要进行蒸、烤、煮等高能耗的作业，所以需要的电压较高。现在新建的商圈基本上都支持三相电，但如果碰到老的门店无法提供三相电，需要另外拉的话，成本就会增加。

**5. 给水与排水系统**

给水与排水系统相当于厨房的流动血液，水通过水管连接到各个需要用水的设备和器材上，让这些设备和器材能够正常使用。

洗涤、蒸煮、烹炒等操作过程，都少不了给水系统的作用。

而相应的排水系统最好能通过隔油池或相关设备的过滤后再连接到地面排水渠，最后通向相应的排污渠道，形成一个完整的流程。

与此同时，给水排水系统与厨房卫生有相当大的关系。系统越完善，留下的死角越少，对厨房卫生的改善就越大。所以，在布局安装给水排水系统的时候，要尽量隐蔽，同时易于清理、维护和维修。水管弯曲越少越好，距离主给水管、主排水渠越近越好。有条件的话，还可以设立一个备用水箱，以防止临时停水影响门店的正常经营。

### 5.4.3 故事：我的厨房布局

我在初次布局厨房时，也遇到了不小的烦恼，不知道该如何着手，也没有进行人员的动线模拟，还错误地先预留了供电系统的接口和给排水系统的接口，这造成了后期一些错误的布置很难纠正和更改，只能硬着头皮继续使用。直到后来在清洁卫生上出了问题，无法令人满意，才修正完善。这就证明排风系统和给水与排水系统存在问题。

所以在我们设计布局厨房的时候，要尽可能多地进行模拟，参考人员动线，同时也把油污的走向、水油的走向考虑进去，这样才能够将厨房布置得更加高效、清洁。

## 5.5 前厅装修

我们知道，餐厅的前厅是直接面对顾客的区域，所以这里的装修和布置要格外考虑顾客的感受。在美观的基础上，也要把便捷舒适的体验感充分考虑进去。

### 5.5.1 装修布局要点

#### 1. 前厅区域划分

和厨房的装修布局一样，全新的区域首先也要进行功能的划分，但是前厅的功能和厨房显然是不同的，所以在区域划分上也有自己独特的地方。

根据门店的经营品类和产品特色的不同，前厅的装修布局也有区别，但主要的基本区域都是互通的。比如收银区、就餐区、卫生间、公共走廊都大同小异，关键就在于能不能从我们的装修风格中挖掘出亮点，结合到这些区域当中，使得这些基本区域能够更加吸引人的眼球。同时门店大小也影响前厅的布局设置，例如50座以上的中大型门店，往往会将顾客入口和门店工作人员入口分开设置。如果门店工作人员较多，岗位清晰，可能也需要一个办公区域来进行管理。

#### 2. 人员动线

与厨房设计的时候一样，前厅的人员动线也非常重要，但是和厨房有区别的是，前厅的人员动线不光是店内的工作人员，还涉及了前来就餐的顾客客流，所以人员动线会更加复杂。怎样设计高效的前厅工作人员动线，并且使顾客感觉更舒适、便捷，是我们应该考虑的。

所以，在设计布局的时候，也需要提前进行模拟，不光要针对店内的人员岗位进行模拟，还要把顾客的身份代入进去，尽可能优化前厅的动线。

#### 3. 供电系统

一般而言，前厅的供电系统与家用等级一样，都是220伏，但是可能涉及空调、消毒柜、开水器等高能耗设备和器械，前期还是需要对用电平方数进行评估,看看能否承受。

同时要在包括就餐区在内的区域,预留必要的供电插座,例如各个区域的监控插座、充电插座。这些插座尽量做到后期不更改,以免影响美观和降低顾客的体验度。

还有一个很重要的是灯光的供电,必须和设计师及施工方确定好灯光的位置,然后进行线路的铺设。

值得一提的是,灯光的渲染在整个餐厅门店当中所起到的作用举足轻重。一家好的餐厅所使用的灯光必定是和本身风格相匹配的,且能够渲染气氛的,而且大多数为暖光,因为暖色的光源照在食物上能激发人的食欲,也能使人精神愉悦。

### 5.5.2 顾客使用区域规范

前厅的另一个特点就是与顾客的体验直接挂钩,所以,我们在前厅的装修布局上要尽可能考虑到顾客的感受和体验,把顾客从进门之后的每一步都考虑进去。

首先是桌椅,有人会问,桌椅有什么稀奇的?还有要注意的地方吗?当然有。桌椅意味着顾客坐下之后的空间,有些商家可能会为了节省空间而选择面积很小的桌椅,或者把桌椅之间的距离间隔放得很小,其实这都会降低顾客的体验度。就单人而言,桌面高度不宜低于60厘米,椅面高度不宜低于35厘米,同时桌面的宽度不低于45厘米(适用于靠墙或玻璃窗的边桌),通常使用60厘米及以上的宽度,而长度不宜小于60厘米。

桌椅之间的过道也是一样,过道的宽度基本上要保持在60厘米及以上。

门店中其他常见的还有自助的食品小料台,这个怎样布局,要根据经营模式来判断。如果是顾客自助从出餐口取餐,那么就需要把小料台放在出餐口附近;如果是店内工作人员给顾客送餐,那么就可以把小料台放在就餐区的附近,总之就是怎样方便顾客怎么来。

### 5.5.3 故事：我的前厅布局

我和设计师根据自身的经营模式，对前厅的布局进行了充分的规划。

因为我采用的是以快餐为主的经营模式，点餐方式是排队点餐，这就要求：(1) 留出足够多的排队空间，所以点餐区不能太过于靠近入口；(2) 需要顾客快速落座，所以点餐区与就餐区不能离得太远；(3) 产品需要尽可能快地送到就餐区，所以出餐口在就餐区的旁边。

这一轮分析下来，我基本确定了布局的方式。同时，在各个区域中，我打算使用绿色的植物来进行隔断与半隔断，为门店提升氛围。

在细节上我也进行了一些梳理，例如，在出餐口附近增加休息的椅子，为打包的顾客提供休息等待的区域，并且在附近提供自助小菜台和水台，可以供就餐区和等待区的顾客共同使用。

## 5.6 门头装修设计要点

门头在门店当中的作用可以说是举足轻重的，我们之前也讲到，一个好的门头能够不断加深顾客对门店的印象，从而形成品牌效应。那么，我们怎样才能做到呢？就让我们来仔细分析一下门头的装修和设计。

### 5.6.1 需要表达的要点

门头的装修和设计并不是随心所欲，不能想到什么就用什么，要抓住以下三个要点。

**1. 与装修风格统一**

门头作为门店整体装修的一部分，它使用的风格必然要与门店内部达到一定程度的统一。当然，门头作为吸引顾客的"排头兵"，需要有一定程度的创意作为美化，这也很重要。

**2. 突出门店的主题和门店特色**

前面我们说过装修风格需要突出门店的主题和特色，作为门店最直观的宣传工具，门头更是如此。不管是店名、logo还是整体的设计布局，都要充分体现出门店的主题和产品特色，将这些信息通过门头快速、直接地传递给顾客。

**3. 定位清晰，言之有物**

在通过门头传递给顾客信息的时候，我们也要思考门头所传达的信息是否能精确地传达给我们的目标客户，也就是说，门头上的信息定位需要非常清晰，并且不能过于庞杂，既要简洁明了，又要能够清晰地表达出门店目标顾客需要了解的内容，即高辨识度。

### 5.6.2 创意的使用手法

我们看过许许多多的门头，怎样做能令人印象深刻呢？常用的创意方法有哪些呢？

**1. 突出颜色**

选择一个亮眼的颜色作为底色，而logo和店名使用有反差的颜色，可以使人在众多门店中一眼看中，从而提升顾客进店的转化率。最明显的例子如肯德基、麦当劳等西式快餐店。它们使用的是整个红底白字的门头，老远就看得见，有些门店甚至连墙壁都涂红了，更加醒目。大大的白发老头logo和金色"M"logo，都使它们在目标顾客群中的印象不断加深。

同时我们可以发现，这些门店选择的红色，是很有穿透力的颜色，能够使目标顾客眼前一亮，这也就达到了门头吸睛的效果。

**2. 灯光搭配**

除了颜色之外，灯光的搭配也是必不可少的，灯光可以在夜间为门头营造出更加活跃的气氛，同时也可以突出门店的档次，所以灯光使用的好坏也是很重要的。

例如我们常用的有霓虹灯，大多时候围绕在门头或者招牌的外围，颜色不停地变换,气氛十分活跃,常作为气氛烘托。霓虹灯在酒吧、烧烤、大排档等门店用得比较多,如果是档次比较高的门店,其使用的概率可能就会比较小了。

还有小型的LED灯,常作为字体的光源填充或者背光来使用,是使用范围最广的一种灯光形式。它的亮度比较强,如果只作为光源填充,那么它的气氛表达会稍弱一些,适用于一些门头比较大、对光源亮度要求比较高的门店;使用背光来填充光源的话,光照强度不会很高,但氛围会很好,更适合在一些追求档次并且门头较小的门店。毕竟,门头太大的话,需要的光源也就比较大。

除此以外,常用的还有以射灯为主的灯光。射灯的光源照在门头上会显得比较柔和,气氛也相对较好,但是周围如果有强光源的话,就无法突出射灯的特点,所以更适合于街边店。

当然,这里只是列举了一些常用的灯光搭配,我们在实际装修过程中可以有更多创新的组合和其他的奇思妙想。

### 5.6.3 注意事项

在装修和设计门头的时候,有一些事我们需要提前预估,以免日后难以修复。

**1. 电路问题**

门头使用的灯管和线路都需要根据字体logo的位置进行布局。

**2. 防护问题**

门头大多在室外经历风吹雨淋,电路的防水、防尘问题也要考虑到。如果因为经过几次雨水,电路就出了问题,那对日常的经营显然会有不利影响。

**3. 使用材料以及维护成本**

在使用材料方面,我们必须考虑使用成本和维护成本,力求在二者之间找到一个平衡点。门头应该算是维护最频繁的一个区域,包括防尘卫生、电路维护等多个方面。一开始使用的材料如果较差,那肯定会增加后期的维护成本,并且在形象上也达不到预期的效果,所以还是需要双方达到一个平衡。

#### 4.当地法规

在有些地区，门头的设计和施工需要提前进行审批。所以，这也是需要注意的，必须达到审批部门的要求，不能因为谋求大胆创新而刻意隐瞒施工。

### 5.6.4 故事：我的门头

我的"美食日记"，拥有的是三间较大的方形门头，为了能让人有一种眼前一亮的感觉，门头的底色使用了米白色，同时 logo 并没有放在正中，而是放在靠边的一侧，使用了大量的留白，此外使用了从上向下的射灯作为光源，在视觉效果上更能体现出品质，这也符合门店精致定食的定位。此外，为了补充门店的主营业务信息，在空白处下方进行了小标题的标注，能让顾客看得更加清楚（如图5-4所示）。

图5-4　门头设计

## 5.7　餐饮淡旺季与工期预估

每个行业都存在淡季与旺季，餐饮行业也不例外，而淡旺季对装修门店乃至开业的影响都是十分显著的，所以在最开始的时候，也需要考虑这一因素。

### 5.7.1　餐饮淡旺季

餐饮作为市场刚需行业，它的淡旺季会是一种怎样的表现呢？影响它的因素又有哪些呢？

其实餐饮与我们平常百姓息息相关，所以能够影响市场淡旺季的，基本上与季节、大型节日、地区差异、门店品类等最基础的因素相关。

**1. 季节**

从季节上看，通常夏季和冬季在一年当中业绩是不错的，而其中7~8月份又是餐饮的消费高峰，能为门店提供不少的营业额；春、秋两季是一年当中较淡的季节，而相比之下春季又尤为清淡，特别是在春节过完之后的2月底到5月份之间，是餐饮市场最为难熬的一个阶段。

**2. 大型节日**

从节日上看，餐饮市场也会有一些浮动，不过这些浮动一般都是正面的。例如：情人节，情侣的就餐需求会增加；劳动节，公司白领的就餐需求会增加；国庆节，各方的就餐需求都会增加。这些需求的变动是可以预见的，所以在经营当中我们也需要根据不同的节日采取相应的经营方案。

**3. 地区差异**

至于地区差异，南方和北方的差异会更显著。在北方，一些天气寒冷的省份，晚上街上的人流可能相对较少，有些门店就会选择较早闭店收摊。而在南方，营业时间长的餐饮门店会更多，很多都到夜间12点以后，甚至是24小时营业。有些城市或者地区是以旅游产业为主的，那么淡旺季和旅游产业的相关度就会比较高，这时候的相关因素更加复杂一些，还涉及政策、当地气候、人文环境等。

**4．门店品类**

当然不得不说，门店品类与淡旺季也有直接关系。有些品类在一年当中可能就做短期的几个月的旺季，例如火锅，在大多数地区，秋冬季的生意往往是比春夏季好很多的。还有小龙虾，受到上市季节的影响，夏季最火爆。但也有特殊情况，例如在火锅的发源地成都、重庆等地，火锅一年四季都非常受欢迎，这就是地区差异所造成的影响。

而另一些品类可能一年当中的需求波动相对较缓，例如比较大众的快餐、早餐、面条等品类，这些餐饮品类与顾客的日常联系更加紧密，受众也更加广泛，所以能够影响到的因素也就比较少。

## 5.7.2 工期预估

我们了解了淡季和旺季的区别，就要考虑一下淡旺季和装修工期之间又存在着怎样的一个关系。

显而易见，门店想要在开业的时候就取得不错的业绩，就要在旺季到来之前开业，这样才能最大限度地提升知名度，增加营业额。

所以在装修施工的时候，我们要进行工期的预估，才能够把握得更加准确。

当然寻找店铺的过程也是需要时间的，这个时间必须在一开始就计算进去，打个比方：寻找店铺花了一个月，加上装修两个月，等于开业之前最少需要三个月。

所以首先还是需要知道我们本身所选品类的淡旺季，从淡季入手开始寻找店铺，找到之后再进行设计装修、采购等，在一切都准备就绪之后，可能刚好会进入旺季，这是一个比较好的策略。

## 5.7.3 故事：我的工期

至于我选择工期的时间节点，在正月初八之后，我就开始慢慢物色了。选择这个时间节点的原因在于：春节这个旺季过去之后，就是一年之中最大的淡季，所以在之后的一到两个月当中，当地陆陆续续有很多门店支撑不住，从而选择出兑转让。这时候我去挑选店铺，可选择性就更多。

在找到店铺之后，我就接着让设计师设计、施工方施工。因为当时我留出的时间比较充裕，所以装修比较仔细。两个半月之后，我的门店已经初具规模。

当自己精心布置的门店展现在眼前，虽然它还不是很完整，但我还是有一些小激动的，毕竟我花费了不少的心思，同时我对未来也有美好的向往。而这个时候正值5月中旬，再过不久就要进入夏季这个餐饮高峰期，我必须为了打好开业的"第一仗"做充分的准备。

# 第6章 员工管理

再漂亮的门店,再好的品类,没有人去管理和执行,始终等于零。员工对一家门店的重要性,绝对不亚于门店的其他方面,甚至可以说,员工各方面素养的好坏,直接关系到一家门店的生死存亡。怎样提高员工的整体素养呢?首先就是在最初招聘员工的时候进行筛选,其次要培训。

## 6.1 员工招聘

说到员工的招聘，餐饮行业存在许多与其他行业不一样的地方，这也是造成餐饮行业复杂多变的原因之一。

### 6.1.1 餐饮用人现状

对于大多数中小型餐饮来说，用工难始终是一个大问题，有些岗位可能存在长期空缺，又或者存在员工来了又走、走了又来的状况等，那造成这些问题的原因有哪些呢？我们来了解一下中小型餐饮的用工状况。

**1. 人员复杂**

餐饮行业有着很低的入行门槛，各方人员只要没有传染性疾病，基本能够从事餐饮行业。很多人在从事餐饮行业之前可能做的是与餐饮完全没有关系的行业，这就造成了行业内的人员复杂度很高。

**2. 受教育程度偏低**

正因为餐饮行业入行的门槛低，或者说对一般岗位，如服务员、传菜员、收银员的要求并不高，吸收了很大一批教育文化程度不高（高中及以下），也没有什么特殊技能的人。而厨师、店长等需要一定技能的餐饮从业者，大多也存在文化水平不高的情况，因为他们的技能多数情况下靠的是经验的积累和传承。

不过近年来随着餐饮行业的发展，这一现象也在逐步改善，不管是服务员等技能含量低的岗位，还是厨师、店长等技能型餐饮人员，都在慢慢提升自己的专业度，这对整个餐饮行业来说是非常正面的。

**3. 年龄偏低，但有增长趋势**

我们外出用餐的时候常会看到很多年纪很轻的服务员，其实这不是个别现象。

据调查，服务员这一岗位，25岁以下的人员占到将近60%。当然这可能和商家的招聘要求有关，但是结合上一条教育程度我们可以发现，这两样其实是重合的。

正因为年龄小，有些人高中还没有上完就辍学出去打工了，更有甚者还未成年。我们不难想象，由于他们没有受到良好的教育，年龄、经验都不足，低门槛的餐饮行业就成了他们最优的选择。

**4.流动性强**

从事餐饮行业的主力军大多在25岁以下，作为过来人，我知道，这个年纪是最爱玩、喜欢追求新鲜感的时候，所以在同一个地方工作很难真正地静下心来，特别是在中小餐饮行业，更容易造成流动性大的情况。

当然这跟餐饮经营者的管理方式和待遇也有关系，最容易造成人员的流失。这也是现在中小型餐饮的普遍短板。

**5.岗位储备少**

因为中小型餐饮规模有限，所以在用人数量上需要计算得非常精确，岗位储备很少，有些基本上没有岗位储备，甚至会出现一人多岗的情况。遇到人员休息，或者突发事件，就会对门店的日常经营造成影响，也会给其他的岗位加重负担。

造成这一情况的原因在于在中小型餐饮行业中人工工资占很大比重，而员工工资却在逐年递增，这就使我们门店创始人或店长不得不压缩员工数量来达到平衡。

## 6.1.2　人员招聘的方法

说起招聘，我们采用哪些好的招聘方法能够简单、高效地为门店招到合适的员工呢？

首先作为招聘者的店长或者创始人，需要对招聘的岗位有清晰的认知，知道这个岗位需要的人应具备哪些素养，然后才能找到符合这样标准的员工。当然很多时候我们选择的员工达不到这样的标准，或者说没得选，这就与后期的培训分不开了。

在了解自己门店需要怎样的人之后，我们可以采用以下方法进行招聘。

**1. 特点分析法**

餐饮业具有极大的包容性和复杂性，所以在了解了我们所要招聘的岗位特点之后，我们可以分析这些特点与其他哪些行业是重合的，这样我们就可以到那些行业中进行招聘，从而增加受众的广度。例如对于收银员岗位来说，在其他行业的前台、吧台工作过的人员上手会很快。

**2. 时间分配法**

餐饮的工作时间并不属于朝九晚五型，有自己的特点，最集中的高峰期可能就是那么4~6个小时，其余的大部分时间用于准备工作。

所以可以把人员按照工作时间进行安排，比如，有的员工负责上午8:00~11:00的工作，有的员工负责11:00~14:00的工作。人员数量可以根据门店的情况进行调节，灵活度比较高，同时可以提高门店人员的利用效率。我们通常把这种方式称作兼职。

兼职的好处是，如果有其他工作的人休息或者下班的时间刚好与我们的门店工作所需要的时间重合，那么，他完全就可以到我们门店做兼职，同时兼职是按照小时来计算工资的，单位时间内的工资会相对偏高。

但兼职也有一个缺点，就是人员变动频繁，对于要求复杂操作的岗位，可能无法快速掌握，同时人员的临时变动也会影响当日门店的正常经营，所以这就需要门店及时调整。

**3. 寒暑假期工**

在寒假和暑假打工，是学生进行社会实践活动的一部分。因为学生还没有完全踏入社会，所以可以以相对较低的工资被招聘到餐饮门店。同时寒假和暑假本身也是餐饮的旺季，对于人员不足的问题刚好是有效的补充。

**4. 内部推荐**

让门店的员工进行内部推荐也是一个比较靠谱的方法，因为已经在门店工作的员工，对门店自身有比较全面的了解，包括环境、薪资待遇、福利。

而当门店需要继续招人的时候，可以通过发动员工，让员工去寻找自己周围有意向加入门店的人，同时给予推荐的员工一定的奖励，这也是可以的。

### 6.1.3 人员招聘的途径

了解了人员招聘的基本方法,那么有哪些人员招聘的途径呢?常见的有以下三种。

**1. 在门店前张贴招聘启事**

在门店门口张贴招聘海报是最传统的招聘方式,优点是方便快捷,容易操作,与应聘者基本上是面对面的交流,沟通更方便,但缺点也很明显,如果门店位置不太理想,招聘启事没有多少人看的话,就很难有上门应聘的求职者。

**2. 在招聘网站、门户网站发布招聘信息**

随着网络的发达,在网络上发布信息越来越方便,把招聘信息发布到相关的门户网站或者专门的招聘网站也成为越来越多的人选用的招聘途径。这类途径的优点是信息发送范围广、速度快,能让更多的人看到招聘信息,甚至能够专门匹配到门店所需要的人员范围的简历,但功能较为完善的服务一般都要收费,同时网站的信息太多、太混杂,缺乏针对性。

**3. 在本地的职业群、行业群内发布招聘信息**

基本上每个行业在当地都会有一些行业的交流群,或者职业的交流群,在这些当地的交流群中发布招聘启事,应该说是一种较为靠谱的方法。

### 6.1.4 故事:我的招聘

门店开业,就需要招聘员工,所以要在开业前一段时间就落实人员和岗位问题。如何找到合适的员工也就成了我比较紧迫的需求。

所以我在装修的时候,就在门店外面张贴了较大的招聘启事,同时在我们当地的行业群内发布了招聘信息。因为预算比较紧张,我就没有使用网络门户的招聘推广。

但是从效果上来看,联系和询问的人还是挺多的,有些还通过添加联系方式进行了简历的投递,这对我来说是不错的结果。

## 6.2 应聘筛选

通过各种招聘途径，会收到许多来自求职者的信息，有的是直接通过电话联系，有的是通过发送简历的形式，但更直接的是来到门店进行面试应聘。在这些众多的求职信息中，我们应该怎样挑选出适合我们门店的人员呢？

### 6.2.1 了解怎样的人适合门店

要挑出适合门店的人员，首先要了解哪些特性是符合我们餐饮门店，符合服务行业的。这大致有以下四个条件。

**1.团队协作精神**

有的人可能会说，我家门店比较小，只有夫妻或者兄弟两个人，从何谈起团队协作呢？

其实，一个门店的工作都是由一个团队去完成的，哪怕是只有两个人的门店，也需要各种配合，也需要工作上的"默契"，这也是我们所说的团队协作精神之一。

而在分工明确、人数更多的门店中，更是如此。光做好自己岗位的事，实际上是不够的，还要与其他员工良好地沟通，并且，不同的岗位等级，对于团队协作的要求也会有一些区别。例如：

基层员工需要做到的就是，愿意为整个团队付出，能够积极完成上级布置下来的工作任务，同时配合其他岗位的工作，愿意协助他人做一些超出本岗位职责的事。

管理层的员工需要有较强的大局观念，对团队的整体目标要有一个清晰的认识，并且能够调动各个岗位，进行有效的分工合作，同时在团队中要更具有洞察力，能够及时发现并处理团队中的矛盾和问题。

这些都是团队协作中需要具备的。拥有良好的团队协作是高效率、高品质完成工作任务的基础。

## 2. 服务精神，爱岗敬业

与团队精神相对的，是作为餐饮工作者的一份服务精神。正所谓每个行业都有每个行业的精髓与内核，作为服务行业的餐饮门店，同样也需要服务精神与意识。

服务精神的根本是以人为本，把顾客当作"家人"，甚至是当作"情人"一般来对待，充满热情，不厌其烦。

这种精神和意识，是一种由内而外所表现出来的真诚，所以仅仅把顾客当作交易对象来对待是不够的。只有从顾客的角度出发，真心为顾客考虑，才称得上是真正具有服务职业精神。

同时，服务精神的掌握，与对待岗位的敬业程度是成正相关的。所以，拥有爱岗敬业的态度，也是门店员工所需要的。如果对待工作仅仅是不出差错，混混日子，而没有积极向上的心态，这样的员工对于日后的门店服务也将会产生不利的影响。

## 3. 持续学习，乐于分享

不管是做什么，都是从无到有、从疏到精的过程，门店工作也不例外。无论是什么岗位，从上岗的第一天开始，都应该有一个持续学习的心态，特别是对于技术型的岗位（厨师）。所以每天都要学会总结：总结前一天的工作中有哪些地方是做得不够好的，那么，在接下来的工作中就需要加强和改善；有哪些创新是得到肯定的，那么，在接下来的工作中就可以保持下去。

个人在工作过程中，如果有一些优秀的经验，还需要将这些难得的经验与其他同事分享，让其他同事能够吸取经验，共同进步。

所以，各个岗位的人员只有在这样一个不断学习、不断改正、不断分享的过程中，才能融洽合作，更具凝聚力。

## 4. 经验丰富

拥有丰富的工作经验的员工对于门店来讲也是不可多得的财富，特别是对于刚刚开业的门店，拥有丰富经验的员工可以在很大程度上避免走一些弯路，同时提升门店的整体实力。

当然，招聘的时候，除了厨师这一岗位特别依赖于经验，对于其他岗位而言，丰富的工作经验是加分项，但并不是必选项，哪怕没有丰富的工作经验，只要拥有良好的团队协作精神，服务意识到位，并且乐于持续学习，那么对于门店而言也将是不可多得的人才。

## 6.2.2 筛选方法

了解了门店招聘时需要从哪些方面的特性着手筛选，接下来，我们就需要有一些筛选的方法，帮助我们从较多的应聘者中挑选出最优秀的人。

**1. 查看简历**

通过门户网站招聘人员时，应聘者一般都会发送最基本的简历来介绍自己的基础情况。能够通过门户网站向工作单位发送简历的人，对于餐饮行业而言，也是相对有一定文化水平了。

面对这样的应聘者，接下来的筛选其实是比较简单的，通过简历的自我描述，我们可以了解到其文化、技能、特长，以及工作经历和薪资要求。而对于我们而言，文化方面并不是很重要，我们比较看重的是技能特长和工作经历。如果应聘者的技能与门店契合度比较高，或者曾经的工作经历能够给门店带来很好的借鉴作用，那么这个人对于门店而言就是比较有价值的。

确认过最基本的状况之后，如果应聘者的薪资要求在门店的可接受范围之内，就可以进行电话沟通或者直接面试，以确认这个人是否具有之前我们所讲到的一些服务行业所应有的特质。如果都具备，那将会是门店的得力助手；就算不具备，只要他愿意学习，那也是可以的。

**2. 上门面试**

其实，我们大多数餐饮的应聘者不具备向网络门户投送简历的能力，很多情况下是直接上门到门店里去面谈。在上门面谈的时候，并不会像在门户网站上看简历一样能了解得那么清楚，要一个问题一个问题地问，就显得相当繁杂。

那么我们在张贴招聘启事或者发布招聘信息的时候，就需要提前将应聘者想要了解的内容写清楚，例如，薪资计算、工作时间、休息日、是否包吃住、是否有保险、是否有额外福利等。看过这些内容之后再来的应聘者就是有意向的应聘者，这时候再跟他们谈，就会更有针对性。

那我们在面谈的时候，具体需要了解应聘者的籍贯、年龄、工作经历、技能特长等信息。有条件的话，可以在店内放置一份简历表来供应聘者填写。

如果门店离开业的时间很近，无法进行较好的筛选，那么可以暂时选择应聘者当中较为突出的一些人进行培训，等到开业后根据实际情况再调整。

值得注意的是，很多应聘者并不是说来就一定来的，也有一些人抱着"骑驴找马"的心态，所以我们在跟应聘者交谈的时候要注意，如果双方都确定有意向，那么首先确定好薪资待遇，其次确定好上班时间，并且要约定如果有变化，必须在某个日期之前提前告知。

### 6.2.3 故事：我的应聘者

我在招聘筛选的时候，因为没有足够的经验，所以出现了一些问题，给即将开业的门店还带来了小小的"人员危机"。

那时候我通过传统的招聘启事和在当地行业群里面发布信息，有许多应聘者上门，这对我而言是一个好事。所以当时我就跟相对比较突出的4位应聘者讲好了上班日期，随后我就没有太在意，将更多的心思投入了装修的收尾工作。

随着开业的临近，我打电话给4位应聘者，想让他们提前几天来到店里进行岗位的培训和磨合，适应一下环境。但令我出乎意料的是，这几位应聘者当中最后答应过来的只有2位，另外2位都表示已经找到了更加合适的大品牌门店。当我问起为什么没有提前跟我说的时候，他们含蓄地表示因为还没有正式被对方录用。

很明显，我被当成了第二选择，终其原因还是我无法给他们提供像大品牌餐饮那样更全面的待遇，其实这也是众多中小餐饮面临的比较尴尬的一个方面。而我也希望在将来的发展过程中能够慢慢地提升员工的整体福利，从而加强门店的凝聚力。

## 6.3 岗位培训

在人员选择好之后，接下来就需要进行上岗之前的岗位培训。培训最主要目的是要达到本店的工作标准，让不同的人在同一个岗位能够起到相同的作用。

### 6.3.1 岗位培训的必要

在中小餐饮门店中，重视岗位培训的并不多，一般也就是讲解一下基本的操作流程，能够做好最基本的接待就可以了。但实际上仅做好这些是远远不够的，还需要在各个方面都进行统一的培训，形成标准，同时还要培训员工应该具备哪些服务意识。门店的组织架构培训，在门店的管理方面也是很有必要的。

**1. 操作流程标准化**

首先是操作流程的标准化问题，我们在门店就餐的过程中会发现这种情况：今天去一家餐馆吃到的食物比较好，过几天去分量却发生了较大变化，或者没有按照顺序上餐，这主要是没有做好操作流程标准化的培训。

所以，首先要令员工们树立操作流程标准化的意识，在按流程操作的过程中，拆解出来的每一个小步骤都要有相应的标准来参考，这样才能在整个流程中尽可能保证出品的标准化。

**2. 提升服务意识**

在普通的门店中，服务人员如果没有经过较好的培训，那么就只能给客人提供最基本的服务，而当一些紧急情况出现的时候，或者客人需要一些特殊照顾的时候，就能在第一时间提供解决方案了。如果经过了这方面的培训，那么就能给顾客带来更好的体验。哪怕顾客遇到的是不愉快的事，如果服务意识足够好，处理得当，也是能够取得比较好的结果的。

**3. 提升整体效率**

经过培训，各个岗位的配合默契程度会有很高的提升，哪怕是在繁忙的时间段，也能够保持较高的工作效率，这一点是比较关键的。在最高峰时期，订单量会不断增加，如果出品速度远远不及订单量的增加速度，那对员工的心理也会产生一定的压力。如果没有经过长期的磨合或者培训，没有标准的操作流程作为支撑，很容易因为大量的订单而导致单人或集体的效率下降，从而影响门店的整体效率。

**4.提升门店形象**

我们知道门店的形象是体现在多方面的，人员是一个重要方面。没有经过培训的门店，人员的仪容仪表等没有办法做到统一，或者压根就没有注意到这一点，这样也会间接导致门店形象平庸。

### 6.3.2 培训的步骤

培训从内到外分为几步，首先要对员工的自身进行约束，使他们的外在能够赏心悦目。

**1.仪容仪表**

头发：清爽整洁，需要时常清洗、理发；不能有头皮屑和杂物；发型需要梳理整齐，如果头发过长就需要扎起；如果有发饰，颜色最好选用黑色或与头发本色差不多的，看起来会更加美观。

发型要求：前额刘海不能遮住眼，侧面发梢不能盖过耳朵，扎起后的头发不过后领，短发不能超过肩膀。

面容要求：脸部、颈部及耳朵要绝对干净；男员工不留长胡须，否则会显得很邋遢；鼻毛需要修剪，不能长出鼻孔；牙齿干净洁白，不能留有异物；口腔不能有异味，所以上岗之前也不能吃味道过重的东西；女性员工可以适当地化淡妆，但是不能浓妆艳抹。

着装要求：穿统一的岗位工作服，工作服要求干净、平整、没有脱线，纽扣要齐全、扣好；如果有工号牌，则要佩戴在胸前左边，不能歪歪斜斜；不能将衣袖、裤子卷起（特别是厨师，很多人喜欢卷衣服）；衣袋里除了工作需要的物品以外不能放其他物品，并且要保持干净，特别是上衣口袋领子、袖口要特别注意；里面的衣服不能露在外面，以免影响整体美观。

手部要求：男员工指甲要修好，不能留长指甲，要保持干净，勤洗手。女员工不能涂有色指甲油，不能留长指甲，要保持干净，勤洗手。

仪容仪表是看一个人最基本也是最重要的方式，同时也能反映一家门店的态度，所以仪容仪表的培训是需要注意的。

另外能够保证一家门店长久运行，良好的工作制度必不可少。不同的门店，制度各不相同，所以首先要让员工了解自家门店的工作制度。

**2. 工作制度**

不管是前厅还是厨房，每个岗位的工作制度都会有一些区别，所以都需要经过提前培训，才能够完全掌握。不同门店的工作制度也不同，这里我们介绍一些比较通用的、基本的厨房工作制度。

（1）准时上班，不迟到，不早退。

（2）必须注重个人卫生，保持工作服装整洁。

（3）厨房内部禁止吸烟，并且也不能在门店内的非吸烟区吸烟。

（4）在接收原材料时，需要观察成色、新鲜度，做好把关，半成品也需要经过检查，有问题不能接收。

（5）凉菜与热菜、生菜与熟菜的制作与保存必须分开，以免造成细菌交叉感染或者食物中毒。

（6）要有节电、节水、节气的意识，尽量关闭不需要的水龙头及用电设备，灶台引火超过一小时不用也需要关闭。

（7）不能在灶台、洗菜池、洗碗池内洗拖把或倒污水。

（8）食材秉承先进先出的原则，并且时刻关注食材及半成品的保存状况，确保新鲜可用。

（9）下班时需要把地面和墙面清洗干净，没有油污和积水。

（10）菜板需要每天消毒，灶台、刀具以及其他操作工具每天也需要清洁，并且放在指定的位置上。

（11）厨余垃圾要统一收集，并且要有专人回收或者处理。

（12）定期对厨房进行大扫除，保持厨房的清洁。

**3.前厅的基本工作制度**

（1）准时上班，不迟到早退。

（2）前厅服务人员需要保持良好的仪容仪表，不能相互打闹或做出不雅的举动，始终要保持礼貌接待顾客。

（3）营业前检查各项准备工作，如点餐机是否可以正常工作，打印机是否有纸，调料是否要添加。

（4）熟悉店内各种产品及活动，能够在与顾客交流的时候为顾客推荐和介绍合适的菜品。

（5）时刻保证前厅场地清洁，遇见杂物及污渍要及时清除。如果旁边有顾客，则动作不能太大。

（6）不能与顾客发生争执。

（7）掉落的碗筷要及时更换。

（8）如果产品被顾客投诉，要先安抚顾客，然后将情况报告店长（店主），再采取应对措施。

（9）为需要宝宝椅的顾客及时提供座椅。

（10）顾客使用现金买单时注意唱收唱找。

（11）点单前要对顾客说"欢迎光临"表示尊重；顾客点单完成后礼貌地将点餐单复述一次，进行确认。

（12）上餐时检查产品与点餐单是否一致，并且礼貌地说一句"请慢用"。

（13）对于顾客的需求，要在第一时间做出反应，并尽可能地满足。

（14）顾客就餐完毕离开时说"谢谢光临，请慢走，欢迎下次光临"。

（15）所有顾客都就餐完毕之后，进行整体清洁，碗、筷、餐盘等都需要放入消毒柜进行消毒。

**4.操作流程要点**

不同门店的操作流程都会不同，所以具体方法的参考性也就不是很强，这里我们就讲一些基本的要点和需要注意的地方。

（1）操作流程标准化是为了提高工作效率，降低成本，确保产品的质量，提高服务的质量。

（2）操作流程的每一个小步骤，都要尽可能拆分得足够细，并且提供相应的标准。

（3）时间在操作流程中作为标准的衡量数值是非常重要的。

## 6.3.3 故事：我的培训

在门店人员到齐之后，我就开始落实人员的培训事宜。首先我经过了解，分析了每个人员适合做的工作，然后进行岗位的分配。

与此同时，我也将"美食日记"门店的理念传达给每一个人，希望他们能够对门店的目标有更深层次的理解，从而能提供更好的服务。

对于中小门店的组织架构，我分为了两级（如图6-1所示）。

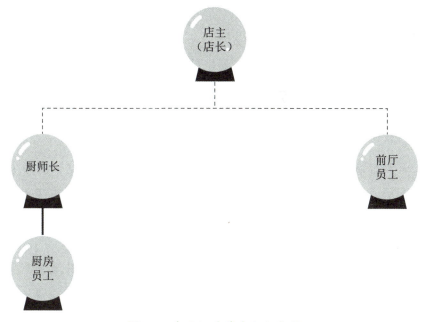

图6-1　中小门店基本组织架构

门店由店主（店长）进行总体管理运营，同时负责前厅事务和前厅服务人员的管理，厨房则由厨师长负责厨房事务和厨房工作人员的管理。

我经过跟厨师长与店长的讨论，制定了属于我们自己门店的人员仪容仪表标准、工作制度与详细的流程操作标准，并且在开业之前多次进行了预演和修改提升，这为正式开业打下了良好的基础。

## 6.4　前期工作分配

经过一定的培训，各个岗位的员工对自己所要做的工作都有了一定的认知，那么就可以为开业做正式的准备了。这些准备需要每个岗位的配合和努力。

### 6.4.1　确定菜单

首先我们需要做的是将菜单的内容进行确定，而确定菜单内容主要是由负责厨房的厨师长和店主共同商议决定的。

很多人觉得菜单上只要把自己门店能提供的产品全部列出来就可以了，其实不然，菜单的设计在很大程度上也是一门学问。那么在菜单的设计上有哪些值得注意的呢？

**1. 产品线**

菜单中的菜单类别与类别的产品线，在菜单设计的时候是需要着重考虑的。我们知道，门店的品类已经确定后，那么自然已经有了一两款主打的产品，接着我们就需要以主打的产品为核心，开发出其他口味的产品或者是其他的一些辅助销售的产品。

例如：一家面店除了主打的招牌海鲜面，还需要其他产品来丰富产品线，使顾客在看菜单的时候有更多的选择。与此同时，除了面类，还需要一些辅助销售的类别，例如卤味小菜、酒水饮品，是用来拉升客单价的产品类别（如图6-2所示）。

**海鲜系列**
招牌鲜虾面...........26元
鲜香花甲面...........26元
香甜扇贝面...........25元
香辣鱿鱼面...........24元
**卤菜系列**
卤牛肉..................16元
卤鸭头....................8元
肉圆........................6元
鸡爪........................3元
**饮品**
自制豆浆................6元
可乐........................5元
雪碧........................5元
芬达........................5元

图6-2　菜单举例

那么同一类别的产品线是不是越多越好呢？很显然不是，因为过长的产品线容易导致门店出现一些问题，例如原材料使用周期的增加。我们知道每样产品需要对应固定的原材料，如果产品线过长，那么所需要的原材料种类必定会增加。然而每天能够接待的顾客上限基本上是固定的，这样造成的后果就是顾客的需求被过长的产品线分散，导致原材料的使用率降低，从而造成原材料的使用周期增加，就会造成冷门产品的原材料会出现不新鲜的状况。

所以，对于同一产品类别的产品线，我们需要进行一番设计。最好的状况是能够尽量多地提高原材料的使用率，确保产品线不会拉得很长，但是还要能够保证产品类别的丰富程度。

针对主打产品类别，我们需要保证有产品能够吸引足够多的顾客，也要有大众口味的产品来满足一般顾客，同时还要有一些较为高端的产品作为利润款，提升门店的利润率。吸引顾客的产品一般是价格比较低的引流款，在产品线中所占的比例在20%左右；而大众口味的产品作为利润的主要来源，占比在70%左右，同时产品线当中的主打招牌产品的占比也在这个比例当中；当然剩下的高利润款有10%也差不多了。

## 2. 定价

在菜单的设计当中，产品的定价也是有窍门的。

首先高价的利润款需要放在首页展示区或者最上端，这样做的目的是给人一种价格锚定的心理，看完这些高价的产品之后，再看后面的产品价格，就不会有一种价格过高的感觉。

同时在主打产品线的定价当中，70%的产品还是需要设定在目标客单价左右。招牌产品也在这个范围内，可能会略微高出一点点，但保证门店的均价能够与目标客流的接受度一致。

**3. 展示**

在菜单当中，产品的展示方法也有一定的讲究。不管是纸质菜单还是电子图片菜单，在展示区域中都有一些黄金位置，那就是页面的正中间以及页面的左上角和右上角。

当顾客拿到一份菜单时，总是会习惯性地首先把目光落到正中间的位置，所以正中间是最黄金的展示位，看完正中间之后目光会习惯性地转移到右上角，然后再转移到左上角。知道这个习惯之后，我们就可以用来设置我们的展示产品了。门店的招牌产品和高价值产品就可以在这些区域上展示，提高顾客点中的概率。

### 6.4.2 寻找供货商

确定完门店的菜单之后，我们需要根据菜单来寻找相应的原材料供货商，而供货商也是需要店主与厨师长共同寻找的。

原材料的供货商有许多，我们该怎样挑选呢？如果身为店主，却没有经验，最直接也是最简单的方式就是让厨师长介绍，利用厨师长的经验和人脉关系，建立起第一批供应商。

当然我们也可以自己货比三家，但是开店初期，原材料用量无法稳定预估，在与供应商谈判的时候就不能提供准确的需求量。所以在门店生意逐步稳定之后，再进行供应商的比较和优化，也是可以的。

还有一种方法，就是寻找同类门店的供货商，可以向同类餐饮门店的店主请教或询问，也可以每天一早在他们送货的时候进行观察，这样经过多轮观察之后也能够积累一些供货商的信息。然后再跟这些供货商进行沟通，会比自己单独一家一家地去跑供货商更有针对性。

当然我们这样做，前提是不论是厨师长介绍的供应商，还是之后筛选的供应商，都是可以提供能达到门店供货品质要求的供货商。如果寻找的供应商无法达到门店所需的品质要求，无论是谁推荐的，都不能与之合作，因为原材料的好坏直接关系到产品的品质。

### 6.4.3　前期推广

当门店的产品基本确定之后，接下来涉及的就是门店的初期推广问题，初期的推广需要交给门店中的其他人员，让他们通过一些线上和线下的方式进行宣传，不用花重金进行太多的宣传。

很多人觉得初期的推广需要大搞特搞，让一家店一下子火爆起来。其实这存在一个误区，门店刚开始营业的时候，各方面的配合还不是很成熟，如果一下子涌进大量的新客，会导致门店的服务跟不上，从而造成大量的差评，顾客的回头率也会相应降低。

所以初期我们的工作就是安排门店其他人员做一些小型的推广就足够了，主要的形式有发传单、在朋友圈转发等，目的是吸引第一批原始顾客。

### 6.4.4　故事：我的前期工作

对于我来说，"美食日记"餐厅在开业前期，的确有不少事需要自己来做。

一开始的菜单设计，厨师长根据我们门店的品类推出了一些主打产品。但是，在试菜的环节，我发现给人的感觉并不太符合门店的主题与理念，进而我与厨师长商量后又进行了一番改进，让产品在概念上得到了突出。

我发现菜单的产品线并不是很完整，略有一些欠缺，少了一些引流的产品。经过调整，厨师长和我把菜单中成本较低、口味适合大众的产品用来低价引流。

与此同时，我还与厨师长一起去菜场寻找原材料的供货商，厨师长给我推荐了几家，我看了样品之后，感觉品质都能达到门店的需求，但是在价格方面可能暂时无法取得优惠，因为门店的需求暂时还不稳定。经过一番讨论，最后我还是与供货商约定了支付方式、送货时间、送货方式，以及退换货的条件。

除此之外，我还打印了不少的宣传单，上面印上了门店的微信二维码。前厅和厨房的操作人员向附近的小区和学校进行了发放，这让不少人关注了门店的微信，能更方便地进行线上宣传。

# 第 7 章　办理手续

　　我们知道每家店都需要办理正规的手续，而餐饮店因为其特殊性，在办理的手续上会比一般的门店稍微复杂一些，对人员的要求也会比较高，所以这里我们就讲解一下手续的基本办理流程。不过每个地区根据市场监督管理局的政策，稍微会有一些差异，这里我们讲的是以我所在地为参考的。

　　以前想要开一家餐饮门店的话，需要在当地办理营业执照、税务登记证、餐饮服务许可证，办理相对烦琐。经过这几年的政策改革，办理的时候已经变成三证合一，即营业执照、税务登记证和组织机构代码证统一办理；餐饮服务许可证也改为食品经营许可证，办理起来更加方便了。

　　那我们就聊一下现如今怎样取得门店的经营资质。

　　值得注意的是，根据当地政策和门店规模，在取得证件之前，可能还有一个环境评审、取得排污许可和消防评审的过程。对于150平方米以下的小型餐饮门店，可能要求没有那么严格，如果是中大型的餐饮门店，取得这些方面的审核通过将是第一步，至于具体的政策可以到当地的工商局咨询。

## 7.1 营业执照

我们要知道，包括营业执照在内的门店手续是在市场监督管理局／办证中心／工商局办理，各地职能部门的名称可能有一些区别，简而言之就是工商局，经过询问都能找到。

### 7.1.1 办理营业执照的手续

营业执照分为个体工商户和公司两种，我这里介绍的是与个体工商户相关的一些流程和资料。以餐饮创业为例，办理个体工商户执照相较而言更为灵活。

办理营业执照的流程也需要提供相关资料，办理的时候如果不清楚所需材料，可以先到办证大厅询问，工作人员会给你具体的材料清单。准备好清单上的资料后，再办理会顺畅很多。这里讲一下我们当地的流程及所需资料。

1. 门店负责人的身份证原件及复印件

不管门店是全资还是合伙，都需要有一个能承担责任的人作为门店的法人，与营业执照绑定。一旦门店发生事故，法人是要负责任的。

2. 门店责任人的照片（两张）

3. 房产证复印件

之前我们强调过，租赁房子的属性必须是商用，而不能是住宅或其他，所以在递交所租赁的房产证复印件的时候，工商局的工作人员也会核对，如果发现房屋属性不符合，很可能无法办理营业执照。

4. 房屋租赁合同复印件

5. 待审核的门店名字

在办理营业执照的时候有很重要的一点，那就是提前想好门店的注册名。

由于餐饮行业相似的名称往往很多,所以需要提前考虑到自己想注册的店名因为重复或过于相似而无法注册的情况,这时候就要多想一些店名作为备选。

**6.平面图**

还有一个比较特殊的就是平面图。平面图需要标注具体的尺寸以及店铺内的主要布局,提交之后,相关人员用来审核加工场所是否合理,后期也会到店进行实地的环境评测和核查。

**7.保证食品安全的规章制度**

**8.健康证**

### 7.1.2 办理顺序

值得注意的是,首先办理的是门店的名称预审核。如果审核通过,那么就会按照流程接着往下走;如果审核不通过,那只能等到有一个合适的店名开始。

名称审核完成之后,便是填写一系列的表格,首次填写肯定会蒙圈。不过不用担心,一般来讲,办证大厅柜台旁边都会有填好的表格范例,还有不会的地方,也可以向工作人员询问。

当表格都填写完成,需要上交的证件都上交完毕,营业执照的流程就算完成了。根据地区的不同,有的地方当天就可以拿到营业执照,有的地方则需要等几个工作日。

当营业执照办理完成之后,需要检查一下,营业执照除了正本之外,还有一个较小的副本。

与此同时,在我们拿到营业执照之后,可以到当地指定的刻章店,进行门店公章与发票专用章的刻制。基本流程如图7-1所示。

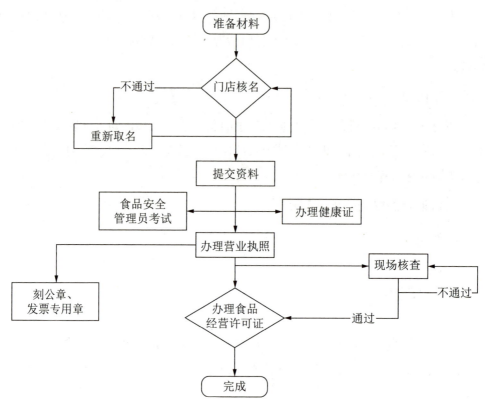

图7-1 办理营业资质基本流程

### 7.1.3 故事：我的营业执照小插曲

我在注册营业执照的时候，因为比较匆忙，头两次去的时候都因材料不全而没能正式提交营业执照的表格，之后发现是房东房产证的复印件被我漏掉了。

于是，我电话联系了房东，想要借用房产证的复印件，却又被告知房东正在外地，一时之间无法拿到房产证复印件，这让我一下子蒙了圈。等到房东回来之后，我才拿了复印件再次办理营业执照。

材料齐全之后，办理营业执照的过程是比较顺畅的，同时我还被告知需要参加食品安全管理员考试，让我回去拿着资料准备一下，在拿营业执照的当天进行开卷考。

食品安全管理员考试，不仅是对餐饮从业者食品安全基础知识的普及，还让我们学到了许多原本没有涉及的食品安全方面的知识和操作方法，这对于门店的食品安全控制将有非常重要的意义。

之后，我很顺利地拿到了考试的合格证，同时也拿到了营业执照。当然一起来拿的还有食品经营许可证，我们在下一节具体讲。

## 7.2　食品经营许可证

食品经营许可证是餐饮店能够正常经营的一个非常重要的资质，而门店的布局及周围的环境都会对注册产生一定影响，因为这些地方是需要工商局的工作人员来进行实地勘测的。

### 7.2.1　食品经营许可证的材料

营业执照是办理食品经营许可证的材料之一，所以我所在地一般会在注册营业执照时，把两者的材料一起提交上去。

如果你的食品经营许可证跟我的一样，都是在市场监督管理局／工商局所办理，和营业执照一同下发，那么会省去很多时间。

当然也有一些地方是在食品药品监督管理局办理食品经营许可证，和营业执照分开来办，这样的话，就要拿着营业执照以及相应的材料到食品药品监督管理局办理了。

### 7.2.2　现场勘查

对于食品经营许可证的获取，最重要的环节就是门店实际情况的现场勘查。如果现场勘查不过关，许可证也是无法拿到手的。那么现场勘查主要涉及哪些方面呢？

**1.选址环境**

（1）餐饮服务单位周边无暴露式垃圾场等影响食品安全的污染源。

（2）加工经营场所内无圈养、宰杀活的禽畜类动物的区域（或距离25米以上）。

（3）具备给排水设施，有城市管网自来水。

（4）食品加工场所和设备设施在室内。

（5）申报的经营场所的面积与实际相符。

（6）食品处理区内不得设置厕所。

**2.食品原料清洗水池要求**

（1）具备与加工食品品种和数量相适应的粗加工水池或水盆（桶）。

（2）动物性食品、植物性食品、水产品这三类食品原料的清洗容器分开。

**3.清洗、消毒、保洁设施要求**

（1）具备餐具和用具清洗水池或水盆（桶），并与食品原料清洗水池分开。

（2）具备餐具消毒设施（消毒粉或消毒柜）。

**4.食品及原料储存加工设施**

（1）配备冰箱等冷藏设施，做到原料、半成品、成品分开存放。

（2）具备与加工食品品种和数量相适应的烹调设施。

**5.专间要求**

（1）冷食类、生食类食品及裱花类糕点制作，应分开设置操作专间。

（2）生食海产品还应设置预前处理专用场所及设施。

**6.专间操作场所要求**

经营糕点类食品和自制饮品的，应当分别设置相应的专用操作场所。

**7.环境要求**

地面、墙壁平整，经营场所干净卫生。

**8.其他**

（1）通过采用透明玻璃窗（或玻璃幕墙）、视频显示、隔断矮墙或设置参观窗口等方式，将餐饮服务的关键部位与环节均进行展示。

在这么多要求中，根据经营品类的项目不同，勘查的主要方向会有差别，以热食类制品门店为例：

如果门店没有冷食和自制饮品类，或者生食海鲜类产品，那么主要勘查的就是一、二、三、四、七类项目；如果有需要专间制作的项目品类，那就要增加上五、六两条了。

当然进行实地勘查的另外一个目的是检验之前提交的资料与门店的实际情况是否有出入，比如经营面积、生产布局。

如果在工作人员实地勘查的过程中，有些项目不合格，无法通过勘查，也没有关系，工作人员会告诉你问题出在哪里，应该怎样改正。只要把出问题的项目纠正之后，再经过一轮勘查，确认合格就可以了。

当然在确认合格、拿到食品经营许可证之前，门店是一定不能提前开张营业的，否则将会面临处罚。

### 7.2.3　故事：我的现场勘查

我的门店在进行现场勘查时，工商局的工作人员首先对我们提交的材料与现场进行了核对，基本与提交的材料相符。

具体勘查时营业面积没有什么问题，因为是在商业街，周围的卫生条件也都符合标准，包括一些消毒设备，该有的也都齐全，但是在生产布局和操作流程上，有一些没有达到要求的标准：(1)原料清洗的水池和用具清洗的水池没有区分；(2)自制饮品和厨房混在一起，没有单独的操作间。

经过工作人员的勘查，主要发现了以上两个错误，我随后按照工作人员的要求，进行了更改，为此耗费了一些额外的资金与时间，幸好第二次现场勘查顺利地通过了。

在这里我想说的是，跟我一样先装修再提交材料进行现场勘查是存在一定风险的，如果有地方不通过，需要修改，将会花费额外的精力与金钱。

所以，较为保险的方法是在装修之前，将设计图与施工图让工商局相关审核人员提前审核，如果有不符合的地方，就及时修改。

# 7.3 健康证

为什么单独讲健康证呢？其实并不是因为办理健康证有多难，更多的还是希望能跟大家强调身为餐饮人，对于自身以及工作人员健康的一个自我约束和自我管理意识，因为我们健康与否，是有可能影响来就餐的顾客的，这是非常重要的一项责任。

## 7.3.1 健康证的办理

我们先来了解一下健康证的办理，虽然各地的政策可能不一样，但基本流程应该差不多。

首先，携带身份证，到当地办理健康证的疾控中心，或者指定的卫生院办理。要注意的是，有些地方办理健康证的人数比较多，可能会对办理的时间或数量有一定的限制，所以最好提前联系办理的地点，了解健康证的办理时间及相关手续。

然后，填写健康证办理申请表，准备各项检查。最好是早上去，并且不要吃早饭，便于空腹抽血。接下来是内、外科常规检查，包括心、肝、脾、皮肤等。

还要进行大便培养、X射线与胸片等检查。

在所有的检查做完之后，会发一张凭证，大概在一周之后，可以拿着凭证到工商局进行健康证的认领，并且听相关健康知识的讲座，参加考试。

至于讲座和考试的内容，基本上是关于食品安全和健康管理的，在通过考试之后就可以拿到健康证了。

## 7.3.2 门店健康管理意识

身为餐饮门店管理者，需要有这样一种意识：对自己与他人的健康负责，这不仅是对店主或店长的要求，也是对门店上下所有人的要求。

**1. 日常留心**

这种要求并不仅仅体现在办理健康证的时候，因为人的健康状态是时刻发生变化的，所以在门店的日常经营过程中，每个人都需要彼此关注健康状态，特别是店主或者店长需要格外留心，如果发现门店的工作人员有什么健康方面的异常，要及时进行沟通，并且采取相应的人员安排措施。

**2. 合理安排工作强度**

虽然高效率、低成本是门店追求的方向，但是在人员的工作强度上还是要考虑实际因素，很重要的一个因素就是工作人员的健康问题。

人在长时间、高强度的工作状况下，是非常容易产生疲劳的，也很容易患上各种各样的疾病。如果因为免疫力下降而接触到了传染性疾病，于门店来讲，如果没有及时发现，既会降低工作效率，又有通过食物传播给顾客的安全风险。

所以，工作强度要保持在合理的范围内，要保证员工有充足的休息时间，那么人力成本可能会略微提升，这就需要店主和店长有发展的眼光。

**3. 建立健康档案，定期体检**

对于在门店内工作的员工，不管是长期工作的，还是某一时间段工作的兼职，稳妥的健康管理方法就是建立健康档案。

这份健康档案记录每个员工在某段时间内的整体健康信息，这样就能对员工的健康有一个较好的把控。

如果门店有条件，可以定期为员工提供全面的体检，作为健康档案的依据；如果门店条件有限，那可以把每年健康证办理的体检数据作为健康档案的依据。

## 7.3.3 增强健康管理的好处

很多人看到这里可能会问，本身就是中小型的餐饮，为什么还要搞得这么复杂，去专门做与餐饮本身不搭边的员工健康管理？

前面我们已经讲过，我们中小型餐饮的员工流动性比较高，那么我们就需要通过各种方法来增加员工的工作黏性。为员工建立这样的健康档案，并且定期去做体检,既是一项员工福利,也能为门店降低食品安全方面的隐性风险。

### 7.3.4 故事：我的健康证

我在办理健康证的前一天,跟员工都商量好,第二天在体检的医院门口集合,并且嘱咐他们不能吃早餐。第二天一早,我们到了医院,虽然已经赶在医院开门的时候到了,但在健康证的办理窗口还是排起了长队,说明办证的人着实不少。

我们按照医院的步骤一一地进行了体检,在快要完成的时候,有人背着照相机,询问我们是否带了一寸照片,没有的话,他可以为我们拍照,但是要收费。

因为早上来得匆忙,我们一行人没有来得及带照片,听他这么一说,我略微有些慌张,毕竟再回去拿也来不及了。如果需要照片,也只能在他这里拍,但是并不便宜。

这时候旁边一位路过的大哥见到了这一幕,就告诉我们说:"今天体检用不上照片,拿健康证的时候才用得上。"听他这么说,我松了一口气,随后打发了那个摄影的,跟员工一起完成了当天的体检。

# 第8章 试营业

在取得资质之后,就可以开始门店的经营了。在门店正式开张营业之前,往往会有一个试营业的过程。

## 8.1 不大肆推广，试营业适当做活动

在我们的传统印象当中，"试营业"代表一家店已经开张了，所以开张时的一些庆典活动是必不可少的，例如门前的花篮、条幅等。

前面我们也提到过，在开业的最初阶段，不建议大肆搞促销，弄得满城风雨。这种做法初期可能会有一定的效果，会很火爆，但是能否将这种火爆的状态维持下去就很难说了，这非常考验经营者各方面的综合能力。

那么对于我们第一次接触餐饮的人而言，比较保险的做法是什么呢？我认为可以在附近区域或朋友圈进行宣传，门店能够在饭点保持较高的上座率基本就可以了。

### 8.1.1 试营业到底是为了什么？

**1. 积累第一批顾客**

对于一家门店来说，积累第一批原始顾客是至关重要的。而想要积累起这样一批原始顾客，就要在试营业期间把产品质量、服务体验、环境体验、菜品的性价比都做到尽可能满足甚至超出顾客的预期，才能形成原始顾客对于门店的良好口碑，从而产生复购，乃至口碑相传，带来更多的客流。有了这些原始顾客，在日后的经营过程中，就等于有了门店经营的基石，处理好与原始顾客的关系，并且不断壮大这个群体，就可以把门店经营得越来越好。

而如果不重视原始顾客的培养，初期只是通过活动把人流聚集起来，不注重顾客的实际体验，只在乎门店的火爆景象和营业额，那么之后可能会存在一个下滑的过程。因为门店初期的火爆，在人员还没有足够经验的条件下，势必会产生门店产品质量及门店服务下降的情况，后果就是初次来的顾客体验度不

佳，从而无法形成较好的口碑，复购率不高。

**2. 对先前的操作模式进行检验**

在开业之前，即使门店内部已经做了多次的操作演练，但是与实际的营业操作还是会有一些区别，所以让门店内部的各项操作和流程能够在高峰期满座的情况下，保持正常运转，并且依旧保持高效率，才是我们试营业的目的。

如果在试营业过程中，出现了高峰期顾客增多之后无法及时提供服务，或者无法及时出餐等问题，就需要对整个流程进行观察，看看是不是哪个环节出了问题，从而进行针对性的修改。

**3. 顾客反馈的信息积累**

在试营业过程中，顾客反馈的信息是非常重要的，初期门店的产品只是在门店内进行了测试，是否能真正满足顾客，还要通过实际的销售情况才能得到反馈。

在这当中，我们需要主动地向顾客进行满意度的询问，一来可以显示出门店的服务热情，二来可以有效地收集顾客对于门店产品及各项体验的感受。在询问完成之后，可以适当地赠送给顾客一些小礼物，会显得门店很温暖，颇具人情味。

而收集到的信息，之后也可以成为营业当中进行改善的数据依据。

## 8.1.2 试营业的时间长短

很多人可能要问，试营业到底该定几天呢？其实这并没有准确答案，需要根据门店的实际情况来定。但是可以肯定的是，即使是在试营业期间，我们也必须把每天的工作做到最好，不能因为是试营业而有所懈怠。换句话说，正因为是在试营业期间，它的重要程度可能反而超过了正式营业，因为试营业是收集市场数据的重要阶段，也是门店内部磨合的重要阶段。试营业时间越短证明对市场和门店内部的信心越强，试营业时间越长证明店主做事谨慎、稳妥。

例如我家门口有一家寿司店，试营业时间长达三个月，它到底做了些什么呢？

它对于顾客的喜好拿捏得非常精准，首先试营业期间，主要的食材都放在顾客看得见的位置，顾客想吃什么，直接指出来，然后由专门的厨师负责制作，哪怕是简单的三文鱼寿司，店员也会问清楚顾客选用鱼身的哪个部位。

所以门店试营业的时间长短并不重要，重要的是需要把产品品质、服务等各项内容调整到大多数顾客能够满意的程度才是最关键的。

### 8.1.3 故事：我试营业的第一天

时间回到我即将试营业之前。试营业的前一天，我在门店里开了个会，为即将开始的试营业做好了能想到的各种准备。

这时候经验丰富的厨师长提出刚开业需要特别注意的细节：勺子的摆放位置、抹布的摆放位置……许多意想不到的细节如果没有注意，那么在开业的时候就会让人手忙脚乱，无所适从，从而降低整体的工作效率。

这倒是给我和众多工作人员提了个醒，我也对这些细节进行了强调，希望在试营业期间，大家都注意细节，争取做到最好。

试营业当天，收到信息的亲戚和朋友早早送来了花篮，店门口被挤得满满当当。我和工作人员从一大早就开始忙活，准备各种食材。

虽然我的试营业活动做得很小，仅仅是发了一些传单，在朋友圈发了几条信息，但在高峰期店内还是坐满了人。集中到来的客流给后厨和前厅造成了不小的压力，一时之间出餐的速度降了下来。不过，这种情况也是在预料之中的。经过与顾客的沟通，大多数顾客是表示理解的，对于等待时间比较长的顾客，我也都赠送了一些附加的小菜来表示歉意。毕竟，产品质量才是我所追求的。

一整天的试营业下来，我觉得还是比较顺利的，除了在出餐的速度上稍微有些欠缺，但问题主要出在熟练度上，整体的操作流程还是可以的，经过后期磨合变得更加流畅。

## 8.2 管控品质

之前我们说到在试营业的时候出品的品质很重要，那到底怎样来管控呢？又有哪些方法可以行之有效地使产品的品质得到提升呢？

### 8.2.1 原料管控

我们都知道原料在门店经营当中扮演着重要的角色，从采购到加工都需要进行严格的管控，才能从源头上保证产品的品质。

那么对于我们中小型的餐饮门店而言，原料的采购一般是店主亲自去做的，稍微大一点的门店会有专门的采购专员。不管是哪一种方式，我们需要做的都是把控好采购的原料质量。

那么在管控原料的时候我们该怎样做呢？

**1.建立供应商档案**

高品质的食材原料，并且能够长期稳定提供的前提是拥有高质量的供应商。所以与供应商的合作及沟通就显得尤为重要，为此我们可以建立供应商档案，用来对每一个供应商进行管控和监督。

对于已经形成长期供货关系的供应商，在档案当中也需要对一些基本信息进行记录。

（1）鉴定资质

我们要确定供应商的合法性，如果门店用的是非法供应商供应的原材料，即使价格低廉，一旦被抓，那么对门店也将会是十分重大的打击。

（2）供货能力

初期主要是记录供应商的供货及时性，后期如果原材料的需求增大，还要对供应商应对突发事件的能力进行评估。

（3）产品质量

供应商是否能持续稳定地提供满足门店需求的产品是最重要的，所以在档案中要记录各批次的产品质量是否达标。如果存在不合格品，供应商的解决方法又是怎样的。

### 2.质量检验

说到原材料的质量检验，就必须确认对于原材料的检验标准及对应的检验方法。

对于原材料的检验来说，如果没有专门的采购专员，这个责任就会落在店主本人或者经验丰富的厨师长身上。

原材料的检验标准一般是通过外观、大小、气味等来判断的。

从外观上看，我们可以通过目测，对原材料的颜色、水分、手感以及有无变质等方面观察，从而判断是否达到收货标准。

判断大小，我们可以用直尺或卷尺来测量，判断原材料是否达标。

至于气味，一般很难具体形容，不过针对的是一些特定的原材料，例如海鲜、肉禽等具有特定气味的食材，可以让经验丰富的厨师长协助判断。

同时根据到货的原材料数量，检验的方法需要进行变通，如果是批量较大且价值较小的原材料，我们可以采取抽检的方式来节约时间；但如果原材料价值比较高，那就必须单独检验，否则如果当中有不合格品，那将会因为检验不当而产生损失。

当然更进一步的检验方法是将食材制作成菜品，就可以更直接地反映出食材的品质对菜品的影响了。

### 3.不合格品的处理

如果在原材料的检验过程中，发现了不合格品，应该怎么处理呢？

首先我们要把当天所有的原材料检查完毕，然后将所有不合格品集中起来，单独标记。

接下来就需要快速地联系原材料的供应商，将不合格品及其特征告诉供应商，并询问应该怎样处理。

然后就看供应商的反应速度了，较为靠谱的供应商一般会要求提供不合格的样品，在确认之后，会对不合格品进行换货。

在换货之后有一点不要忘了，换来的货也要重新经过质量检验。如果仍旧存在问题，那么还需要重复不合格品处理的步骤。

经过换货步骤之后，记得要对换货过程进行记录，录入供应商的档案当中。

要是供应商对于不合格品的处理方式不尽如人意，多次提供的都是不符合门店要求的产品，那就应该考虑更换供应商。

### 8.2.2 菜品管控

除了对于原材料的品质管控，菜品本身的质量管理也是管控的一大重点，主要是管好以下这些方面。

#### 1.烹饪质量标准

同样的原材料，不同的烹饪标准所制作出来的菜品是完全不一样的，所以需要对每样菜品的烹饪方法及相关的烹饪时间制定标准，同时也对出品后的菜品在色、香、味上所要达到的效果进行标准的制定。

这些标准，我们在之前也提到过，在保证烹饪质量的同时可以更好地提高后厨的工作效率，所以是非常必要的，一般这种标准的制定是由厨师长出台的。当然如果店主本身有非常丰富的后厨经验，也可以自己来制定。

#### 2.卫生管理

影响菜品质量的另一个重要因素就是后厨的卫生状况，所以从试营业起就要有足够强的卫生意识，因为卫生直接关系到食品安全，一旦出现了卫生方面的问题，就会产生连锁反应，后期是很难再弥补回来的。同时要制定关于卫生方面的管理制度，之前我们提到，每个员工在上岗之前都要经过这方面的培训。

### 8.2.3 故事：值得欣慰的事

在我的"美食日记"餐厅试营业两周之后，每天的人流量都达到了一个比较稳定的水平，并且在这段时间里，有许多顾客夸赞我们的门店，在产品的品质上有许多值得欣赏的地方，这是令我感到十分欣慰的。

最为直接的表现就是自从我们试营业以来，每当用餐的高峰期，我的门店始终保持较高的上座率，而商业街的其他同类型门店可能会相对低一些。

这对于餐饮人而言虽然不值得很激动，因为我知道将来的路还很长，会遇见的情况还很多，但就目前看来，已经开了一个好头，如果未来能够继续保持，坚守初心，我相信我的门店能够越来越好。

## 8.3　管控人员服务

现在我们也知道人员的服务在门店经营当中也是重要的一环，除了最基础的开业培训，还可以从哪些方面来管控服务的质量和效率呢？

### 8.3.1　服务人员心理建设

这是一个很多餐饮人容易忽视的方面，大多数餐饮人认为门店的服务只要培训做到位，标准设置好，就能够发挥出它应有的效果。

确实，从理论上来讲，服务人员的培训和对于服务标准的设定都非常重要，但在此之前的一个前提是服务人员本身的生理与心理的状态。说到底，服务是人和人产生的关系，在服务过程中很可能因为服务人员的精神状态、心理活动或者当时的压力而对服务水平产生不同的影响，所以我们这里所说的为服务人员做好心理建设，就是要降低各种外部环境因素对服务人员的内在心理所造成的波动。

那么有哪些方面可以提升呢？

**1. 抗压能力**

在心理建设方面，首先要提升的是抗压能力，因为在用餐的高峰期，如果面对超出接待上限的顾客数量，服务人员需要进行有序的接待，同时面对这些顾客的各种需求，服务人员需要有序、礼貌、快速地给予反应，并且对这些需求尽可能给予满足。

在这种高强度的工作状态中，大脑的神经时刻紧绷着，所以需要强大的抗压能力。抗压能力如果不强，那么在某一环节稍有疏忽，或者在应对某一个顾客的需求上产生了错误而没有及时纠正，同时面对大量的工作信息需要处理，可能就会出现大脑思维的短暂空白，从而手忙脚乱，造成效率严重下降。

**2. 耐心**

在提供服务的时候，工作人员会碰到形形色色的顾客，有温和客气的，就会有刁蛮任性的。

当然大多数顾客是比较好说话的，可是一旦遇到比较难缠的顾客，或者是有"选择困难症"的顾客，这时候就非常考验服务人员的耐心了。

面对这些需要花费更长时间去进行交流与服务的顾客，一旦因为服务人员的耐心不足，给顾客带来了比较糟糕的体验，例如顾客希望一个一个地去了解菜单上的菜品，而服务人员进行解说的时候出现了不耐烦的状况，顾客的消费体验就不会很好。

所以拥有足够的耐心，对于服务人员而言也是很重要的。

那么对于服务人员的抗压与耐心，可以通过哪些方式来提升呢？

首先我们可以增加工作团队的模拟训练，使团队内部产生很强的默契与配合，这样即使在高强度的工作下也能够及时地互相帮助与调节。其次我们身为店主或者店长，在服务人员每一次耐心地去服务一位顾客的时候，都要对他进行赞赏与肯定，这样服务人员才能够在下一次的服务中更有耐心。

## 8.3.2 服务标准的设定与服务技能的提升

前厅的工作人员和厨房的工作人员一样，同样需要掌握服务的基本要素，并达到相匹配的标准。为此在一开始我们就需要制定这样的标准。

至于大致的标准，在"6.3 岗位培训"一节中提到过。

然而这些仅仅是最基础层面的服务，想要把服务做得更好，把控服务的品质，还要在更多方面下功夫。

#### 1. 倾听的技巧

顾客在点餐或询问的时候，我们的服务人员必须展现出认真倾听的姿态，而这也是有一些技巧的。例如可以使用一些肢体语言：身体微微前倾；在顾客说完一句话的时候我们要跟着点头，同时眼睛要注视着对方。这样的一种认真倾听的状态可以让顾客觉得我们的服务人员是在认真地为他服务，自己是十分受尊重的。

#### 2. 积极地回应

当顾客有需求，叫我们的服务人员时，离他最近的服务人员不管手上在做什么，都要首先回应，例如"好的，请稍等"，以示对顾客的尊重，因为在就餐的过程中，需求得不到应答是一件很糟糕的事情。

同时与顾客交流的时候，服务人员对顾客的应答或问题要第一时间回应，并且尽量为顾客提供适当的建议，让顾客感觉与服务人员的交流是比较愉悦的。

对于服务人员的倾听以及回应，管控的方法一般是门店店长（店主）监督，或者建立顾客对服务人员投诉的途径。

#### 3. 产品知识

想要积极地回应顾客关于产品的一些问题，前提是需要掌握足够的门店产品知识，包括门店产品价目表、每样产品的口味、产品的烹饪方法等，这样才能在顾客询问的时候有针对性地推荐和反馈。

至于怎样把服务人员的产品知识管控好，其实很简单，只需要彼此模拟点餐的过程就可以了。

### 8.3.3 故事：灵活运用服务技巧

开店从来都不是一帆风顺的，我的门店在试营业的过程中也因为服务的问题出现了一些小插曲。

一天正值用餐高峰，门店座位已经坐得七七八八，并且点餐的人还在排队。这时候进来了一批顾客，直接找地方就坐下了，并且高声呼喊着："服务员，来人！"我们的服务人员见状马上上前，向他们解释："点餐，还请到吧台先看一下。"听闻还要到吧台点餐,顾客说:"上什么吧台啊,菜单呢?"服务人员耐心地说菜单在吧台上,并且要先排队。

一听还要排队,他们准备起身离开,这时候我走上前跟服务人员说:"去把菜单拿手机拍照一下,给他们看,看好之后再请他们去吧台点餐。"接着我又对顾客说道:"非常抱歉,新店刚开,员工还不是很熟悉,请见谅。"

这样的解决方法让这群顾客舒服了很多。

所以,在提供服务的时候也需要多多变通,灵活运用服务技巧,才能让顾客有更好的体验。

## 8.4 管控卫生

之前我们讲到过,培训的时候需要在卫生方面多下功夫。现在单独把门店的卫生拎出来讲,是因为卫生的管控对于门店而言真的很重要。

### 8.4.1 厨房卫生的管控

对于厨房的卫生管控,我们具体可以采取以下方法。

**1.制定检查、清洁卫生的标准**

在岗位培训的时候我们提到过清洁卫生需要有哪些步骤,但同时我们也要制定关于清洁卫生和检查卫生的标准。

清洁卫生的标准对于厨房而言是必须要严格的,因为这关乎食品安全问题。

(1)做好防虫、防鼠

如果后厨内地出现蟑螂、飞虫、老鼠等生物,证明后厨的卫生已经恶化到一定程度了,而这些生物也是顾客所不能接受的卫生红线。如果被顾客看到了,即使做出来的产品再美味,也会令人倒胃口。所以尽可能消灭蟑螂、老鼠等生物,是厨房必须做到的。

（2）冰箱清洁

冰箱作为厨房最重要的储藏设备，各种各样的食材都在里面，使用频率也最高，所以必然会有大量的油污和水渍残留在冰箱的表面和内部，特别是在冰箱门的内侧及门缝处，很容易藏污纳垢，不及时清理的话，容易影响冰箱内部食材的品质。

同时冰箱也要定期除霜，如果霜结得太厚，它的制冷效果会下降，储藏在内部的食材品质也会下降。所以冰箱的清洁是十分重要的。

（3）操作台清洁

作为各项操作流程的中转站，操作台的重要性不言而喻。在操作台上，会存在大量的重复的操作，如果操作台不够干净，那么菜品传到下一个环节甚至到达顾客手中的时候就会显得很脏，所以操作台必须保证清洁。而且完成每一个操作动作之后，都要对操作台进行清洁，以防止对后面的操作造成影响。

（4）存料盘点

存料也就是厨房里，包括在冰箱里储存的一些尚未卖出的成品与半成品，以及一些原材料。那么这些存料，对于厨房卫生又有哪些影响呢？

首先从原材料来讲，例如蔬菜，如果没有及时卖完或进行处理，就可能会变质腐烂，当然也有根茎类的蔬菜会发芽，最终的结果是对卫生造成了不良的影响。如果是海鲜、肉禽类原材料，没有及时进行处理，长时间放置的话也会腐败，从而对周围卫生产生影响。其次是冰箱内的一些半成品或成品，长时间没有卖完，如果一直放在保鲜区，必定会不新鲜，甚至对其他新鲜食材产生污染，这也是绝对不行的。

（5）水池清洁

对于水池本身而言，水流冲刷频率高，水池内部的清洁与卫生保养可能相对简单，但水池的周边及水管的附近是卫生管控的薄弱区。因为这两处十分潮湿，而且清洁容易产生死角，所以易于微生物的繁殖。因此，在做清洁的时候要注意一些细节处，在所有的清洁完成之后，记得将水池外围擦拭干净。

（6）用具清洁

锅碗瓢盆等厨房用具，同样使用频率很高，所以在每一次使用完之后，都必须及时清洗干净，并且要进行消毒。

### （7）消毒柜清洁

为了让锅碗瓢盆等用具能够保持安全卫生，消毒柜是必不可少的，所以消毒柜的清洁与否也直接影响消毒用具的清洁程度。

基本了解了清洁卫生的要求之后，就可以根据这个标准来制订清洁计划了，一般而言是每天有一次日常清洁，在每周、每个月也都会有一次全面的大扫除，然后对清洁效果进行检查，查看是否符合制定的标准，这样才能持续保证厨房卫生的清洁与产品安全。

### 2.厨房卫生检查记录

其实光是每次清洁完之后进行检查还不够，还要将检查的结果进行记录，这样能看出卫生的问题出在哪里，然后进行针对性的整改。

为此我们就需要用一张表格来进行记录，表格上列有所有需要检查的地方，以及是否达标的选项，见表8-1。

表8-1　厨房卫生检查

| 序号 | 检查项目内容 | 监督人 | 问题范围 | 责任人 | 如何处理 |
|---|---|---|---|---|---|
| 1 | 操作中操作台面是否干净、整洁，原料放置是否整齐 | | | | |
| 2 | 操作中的刀、墩、抹布是否清洁、卫生 | | | | |
| 3 | 厨房内门、窗、墙面是否干净，有无油污、水渍 | | | | |
| 4 | 地面是否干净整洁，有无垃圾、杂物 | | | | |
| 5 | 操作中的下脚料是否存放完好，废料是否随手放进垃圾桶 | | | | |
| 6 | 各种盛放菜肴的器皿是否完好干净，有无油渍、水渍 | | | | |
| 7 | 冰箱存放的原料、半成品是否合理，生熟是否分开，有无腐烂变质 | | | | |
| 8 | 产品出品是否认真检查，有无异物、量缺 | | | | |
| 9 | 每菜出品后，站厨师傅是否清理灶面卫生 | | | | |
| 10 | 完工后操作台是否干净整洁，有无污渍、杂物，工具是否归位 | | | | |
| 11 | 油烟机排风罩、玻璃、冰箱、冰柜是否干净、卫生，有无污迹、油渍 | | | | |

当然这样的监督检查是可以由厨师长或店长来做的，也可以专门培训一个人员进行监督记录。

**3. 卫生不合格的处理方式**

日常的清洁操作和工作中，肯定会遇到失误和错漏，那么在卫生的检查过程中，如果遇到不合格的地方，我们该怎样处理呢？

首先要记录，这跟我们上面讲的一样；其次找到相关负责的人，这件事情预先是谁在做，是谁的错误造成了不合格；最后再根据门店的相关规定对负责人进行相应的处理。

当然在处理的过程中会遇到一些情况，例如职责不清、推卸责任等。为了防止这种情况的出现，我们就需要预先设定好每个人的卫生职责范围。

### 8.4.2 前厅卫生的管控

**1. 前厅的清洁标准与计划**

相比较厨房，前厅的卫生管控稍微简单一些，但还是要注意几点。

（1）地板的卫生

顾客一进门所能关注到的就是门店的地板，所以地板干净与否直接决定了一家门店的整体形象，如果地板上垃圾很多，给人的第一印象就会很不好。所以地板上必须干净、无杂物。

（2）桌椅的卫生

桌子和椅子直接与顾客接触，所以在每天开业之前必须做到干净、一尘不染，这样在顾客坐下来就餐的时候也会有个好心情。

（3）卫生间的卫生

人们都说：看一家门店用不用心，就观察它的卫生间干不干净。对待卫生间要像是对待产品、对待顾客一样认真，卫生间必须干净、无异味，及时清理垃圾桶。

前厅要做到每次餐前及时清理垃圾；每一位顾客用餐走后都要再次把垃圾清理干净。每周可以对前厅及卫生间的整体卫生进行大扫除，把不容易注意的死角如墙缝、门边、水池侧面、天花板等清理干净。

**2. 前厅卫生记录检查**

与厨房一样，前厅的卫生也需要进行详细的清洁记录以及相应的检查。当然这里的检查一般也由店长或专门培训过的工作人员监督。方式、方法基本与厨房一样。

**3. 前厅卫生不合格处理方法**

基本方法与厨房一样。

不管是在厨房还是在前厅，值得注意的是，夏天，对于卫生的管控要格外注意，这个时候温度高，蟑螂、老鼠、飞虫的繁殖活跃，特别是在厨房内温度较高的区域与设备内，例如开水机、保温台、电饭煲等设备周围与底部，特别容易滋生蟑螂。与此同时原材料也极易腐败，在高温闷热的厨房内，必须及时将原材料进行处理并且保存。

### 8.4.3　故事：夏天的威力

我的门店试营业有一段时间了，随着夏天的到来，天气一下子热了起来。

起初我没怎么在意，只是打开了前厅的空调，并且跟厨师长计划推出夏季的限定产品。

直到有一天晚上，收到一位顾客的投诉，说其中一样菜品不新鲜了，这马上引起了我的重视。经过核查，确实是我们的菜品出现了问题，我立马向顾客道歉并且更换了菜品，同时在结账的时候给顾客打了折。顾客表示理解，同时也提醒我们夏天需要多多注意原材料的新鲜程度。

事后我马上到厨房找到了原材料，详细询问了这个原材料今天是怎样保存的，厨师长说一直是放在备菜区，之前没有出过问题。但之后厨师长马上反应过来，是因为夏天到了，厨房内的温度也升高了，所以造成了原材料的新鲜度下降。

之后我们把备菜区的原材料都检查了一遍，发现有若干种原材料都不新鲜了，只能处理掉，给门店造成了不小的损失。

然后厨师长提出，采用小份备料的方法，把这些夏天易坏的原料及半成品大部分放入冰箱冷藏，留取一小部分作为备料，用完了再从冷藏内拿取，如果小部分备料没有用完而不新鲜了，那么处理起来也不会造成太大的损失。

因为人为操作的时候，也存在着检查不够仔细的状况，所以我也给了厨师长一次告诫，并且将情况记录在卫生档案当中。

# 8.5 关注经营数据，收集顾客反馈

经营数据对于门店来说相当于引路石，所以在试营业的时候，经营情况的好坏以及对应的经营数据可以帮我们调整后期的经营方向，同时顾客的反馈也可以使我们的方向更具有针对性。

## 8.5.1 整理经验数据

很多中小餐饮门店可能并不怎样关注经营数据，或者说关注最多的也只是营业额的高低，其实除了营业额，还有一些数据值得我们关注和整理。

**1.每日营业简报**

门店每一天的营业情况都不尽相同，营业额也有高低。那么，影响营业额的因素有哪些？我们可以用简单的报表形式把当天的情况记录下来，见表8-2。

表8-2 门店营业情况

| 时间段 | 年 | 月 | 日 | 天气 |
|---|---|---|---|---|
| | 顾客数 | | 营业额 | 人均价格 |
| 8:00～11:00 | | | | |
| 11:00～13:00 | | | | |
| 14:00～16:00 | | | | |
| 16:00～19:00 | | | | |

续表

| | 合计（销售总额） | | | |
|---|---|---|---|---|
| 采购金额 | 采购项目 | | | |
| | 项目1 | | | |
| | 项目2 | | | |
| | 合计（采购总额） | | | |
| 门店活动 | 活动名称 | 活动成本 | 活动效果 | |
| | 活动1 | | | |
| | 活动2 | | | |
| | 活动3 | | | |

最基本的信息如下。

（1）月份、天气

不同的月份，人们的一些消费倾向会不同，也会影响门店的销售额。另外，每天的天气也会对顾客的消费决策造成影响，所以要把当时的情况记录下来，看看有没有哪些因素是影响门店营业额的共同点。

（2）时间段销售数据

用餐是有时间段的。在高峰时段与非高峰时段，我们可以把销售额与顾客数量记录下来，计算出各时间段人均的消费有什么不同，然后可以针对不同时段进行针对性的活动或者产品的调整。

（3）采购数据

记录每天的支出项目，不仅要把总的数目记录下来，还要有采购的明细。

（4）日营业额

作为我们餐饮创业者最关心的数据，每天的营业额当然是要做好记录，营业额的波动反映的就是门店的经营情况。

（5）活动内容

把当天门店做活动的内容记录下来，配合其他数据可以看出这个活动是否合适。如果营业额和顾客数量因为这个活动而有所上涨，那么活动可以继续进行；反之，则需要考虑取消或者更换活动。

## 2. 月度报表

不管试营业的期限有没有超过一个月，当经营时间到达一个月的时候，都需要对门店进行月度报表统计。

那么月度报表统计相对于每日的经营简表而言，要计算的成本项目更多，主要项目如下。

（1）员工工资；

（2）水电气；

（3）月均房租；

（4）月总采购额；

（5）月总营业额；

（6）库存额。

月度报表主要反映的是这一个月下来，总的支出是多少，以及总的收入是多少，加上库存的价值，剩余的就是利润部分，见表8-3。

表8-3　月度报表

| 年 | 月 | 日 | | （　）月报表 |
|---|---|---|---|---|
| 支出 | | 收入 | | |
| 工资总计 | | 月总营业额 | | |
| 水电气 | | 其他 | | |
| 月总采购额 | | | | |
| 月均房租 | | | | |
| 合计（总支出） | | 合计（总收入） | | |
| 库存剩余 | 剩余数量 | | | |
| | 剩余金额 | | | |
| 月利润 | | | | |

### 3. 盘点库存

想要把月度报表做好，一个很重要的环节就是盘点库存。盘点库存首先要清楚这一个月下来的采购数量和采购额，这就需要把每天的营业简报上的采购数量以及采购额相加，将记录的使用量与库存量进行对比，然后计算出库存数量和金额是否一致。

现在的许多餐饮管理系统可以将上面的数据全部展现出来，还可以根据门店的情况来反馈不同的信息，所以我们也要学会利用好现在的信息化设备来提升门店的竞争力。

### 8.5.2 收集顾客反馈

从最初开业前的顾客问卷到试营业后顾客正式尝到我们的产品，在这个过程中门店是否能真正把握住目标顾客的需求，对于我们的门店还有哪些值得改进和建议的地方，我们不光要在口头上对顾客进行询问，还要通过其他的方式来获得更多的数据。

相对简便的方法还是通过调查问卷的形式，不过这一次我们的地点是在门店内部，针对的也是前来就餐的顾客。

我们主要需要了解的信息内容如下。

（1）年龄；

（2）家庭成员人数；

（3）选择门店的目的（休闲、就餐、聚会等）；

（4）对门店口味的评价（1~5星，偏甜、偏咸、偏淡等）；

（5）对服务的评价（1~5星，一般、良好、优秀等）；

（6）对环境卫生的评价（1~5星，一般、良好、优秀等）；

（7）最喜欢的一个产品；

（8）是否会向周围的人推荐；

（9）对门店的建议和意见。

因为顾客来门店必定以就餐为主，所以不能强行让顾客填写问卷调查，我们可以用赠送菜品或礼物的方式请顾客参与调查问卷的填写。

收集到这些调查问卷之后就可以为门店正式开业整理出有用的数据，进而对门店的经营方向有更好的把握。

### 8.5.3 故事：我的问卷调查

我的试营业进行了半个月左右，从经营状况和营业额来说，都慢慢趋于稳定，顾客当中也出现了不少熟悉的面孔。

于是我决定将试营业慢慢收尾，同时做了一个问卷调查。我把问卷的任务布置了下去，除了高峰期时间段，进店用餐的顾客都得到了一份问卷，回答的顾客能得到门店赠送的小礼物和一张优惠券。

经过一周左右，问卷调查进行得差不多了。我收集到了足够多的意见与建议，有一部分顾客建议我的门店增加会员模式，让会员顾客得到更多实惠。

对于门店的品质与服务，大多数顾客给予了较高的评价，但我认为还有提升的空间。

口味上，一小部分顾客感觉略微偏甜，这可能与厨师长的习惯有关，之后需要与厨师长进一步沟通。

所以，有了这些数据，我的门店在正式开业之后，希望做出的菜品能够更符合目标顾客的喜爱。

# 第 9 章　正式开业

　　经过试营业的磨合，各个方面的熟练度都已经能够满足日常操作的需求，内部制度与品质管理也趋于完善，接下来我们就可以正式开业了。

　　正式开业与试营业有什么区别呢？

　　其实试营业只是一个为了让门店更加完善，在产品品质、服务等各方面进行尝试并且改进的过程。

　　正式开业也就意味着门店的"基调"定下来了，门店对目标客流也有了清晰的认知，产品菜单、服务流程等已经成熟，符合门店定位需求。

## 9.1 开始推广，扩大客群

正式开业，需要聚集大量的人气，除了试营业期间积累的原始顾客，还需要更多的新客，这时候就要利用力度大、范围广的推广方式来吸引更多地域范围内的目标顾客。

### 9.1.1 推广活动

要想得到好的推广效果，少不了各类推广活动。活动的方式、规模以及持续的时间对吸引新客的影响各有不同，需要根据自己的情况来调节。

值得注意的有以下三点。

**1.参与方式要简单，可操作性强**

很多商家在做活动推广的时候，会提高活动的门槛，设置若干个前提条件，从而增加了参与活动的难度，目的当然是想控制活动的成本。但是站在顾客的角度，如果看到过于复杂的活动，第一时间就会失去想要参与的兴趣，即使活动的优惠很大，也会由于可操作性太低而流失很大一部分看到活动却没有进店消费的顾客，从结果上看还是收效甚微。

所以在设计推广活动的时候，请务必要考虑到顾客的参与性，尽可能缩短顾客从看到活动到得到优惠之间的流程，这样才能提升顾客在看到活动之后的购买欲望，并且付出行动。

**2.控制活动力度和时间**

正式开业的时候，活动的力度确实是需要比周边正在经营的门店稍微大一些，这是为了能让其他门店的顾客也能在短期内过来"尝个鲜"，但是活动的力度是需要进行把控的，不能一味追求"赔本赚吆喝"，时间一长会把门店在顾客心中的心理定价降低。

所以如果开业的时候活动优惠比较大，那么活动的时间就不能太长，要给人一种"稍纵即逝"的感觉。这样做活动要有前提，就是门店有能力应付集中到来的客流，服务品质不会受到太大影响。

**3. 利用好原始顾客**

在试营业过程中积累下来一些原始顾客，在正式开业的时候我们可以很好地利用这些沉淀下来的老客，为我们达到口碑上的宣传。

相较于传统的推广方式和面对新客的一些活动，老客口碑相传所产生的信赖感是无法代替的，但同时正因为有这份信赖感的支撑，对门店的品质期待也会更高，所以一定要保证门店的产品品质和服务水平。

因此在设计活动的时候推出一个针对老客拉新客的活动，就会带来意想不到的收效。

## 9.1.2 推广渠道

活动设计好之后，怎样才能更广泛地推广，也是一个值得思考的问题，而推广的渠道分为线下和线上两种方式，我们来简单分析一下。

**1. 线下推广**

线下推广属于比较传统的推广方式，主要包括发传单、贴海报、在店门口张贴菜单，还可以请专人在店门口吆喝，在电台中播放广告等，这些我们在平时都经常碰到。线下推广方式普遍存在成本较高但转化率较低的缺点，所以慢慢地店主更偏向于做线上推广了。

**2. 线上推广**

我们着重来讲一下线上推广，在线上可以选择的方式多种多样，互联网本身的渠道也有很多，但我们现在餐饮门店常用的有以下这些。

（1）平台类推广

现在餐饮流量较大的平台，在我们当地主要有支付宝旗下的口碑平台和北京三快科技有限公司旗下的美团平台，而这两个当中美团平台又占据绝对的主导地位。

平台内做的推广活动与自己门店做的活动是有区别的，活动的规则都是平台设计的，只能在规则范围内调整活动力度，所以对门店而言所做的活动很难有针对性，最终比拼的还是产品品质和综合服务。

但是平台的优点就是能够提供大量的优质线上流量，如果门店的评分比较高，顾客对门店的评价也比较好，那么线上流量到实地消费的转化率也是比较可观的。

（2）本地微信推广

在刷微信朋友圈的时候，我们时常会刷到很多店铺推荐的信息，其实这些信息很多是本地微信号推送的。

这些微信号会免费发布日常各方面的便民信息，同时也会收费发布一些商业广告。

用这种方式来推广的优点就是价格比较低，可能几百块钱就能够连续发布一个月。每天能够在微信上发布一条商业广告，因为本地微信号背后的人群大多在同城，所以转化的可能性是比较高的。

但是缺点也很明显，微信号背后对应的活跃人数并不能很好地确定，可能是20 000人（4个微信号），也可能只有2 000人，所以在选择本地微信号推广的时候我们尽量要选择一些本地比较知名的微信号，这样背后对应的活跃人数也能够有所保证。

（3）探店宣传

探店宣传是这两年比较流行的一种宣传方式，特别是在"抖音""快手"等小视频火爆之后，一大批专注于美食的账号都取得了很大的关注度，而这时候让这些账号专门到你的门店进行拍摄，然后在他们自有的账号上进行发布，将会取得不小的流量曝光。

但是这种探店宣传的优缺点很明显，优点在于能够把门店的视频形象制作得非常精美，一些粉丝比较多的账号也能够给门店带来很高的流量曝光和关注度。

但是这些线上流量毕竟是面向全国的，真正能够到门店内进行消费转化的可能只有极少一部分，所以就需要足够多的流量来进行弥补。

### 9.1.3 故事：我的推广

我在正式开业推广一开始没有把线上推广作为重点来看，只是增加了宣传单的数量，以及海报的数量，但是从效果上来说，并没有增加多少新的客流。

直到后来一位平台的商家经理找到我，建议我登录平台做活动，这才让我慢慢开始重视线上的推广和流量。

我首先登录的是美团的平台，推出了我们门店的团购套餐以及相应的优惠价格，结果在门店老客的带动下，取得了比较好的评价和分数，从而带动了一大批新客来到我们店里尝试，并给予了很好的用餐评价。

与此同时，我还在同城的微信号上进行了比较多的推广，也给我带来了很多同城新客。

而对于美食网红的探店，我并没有主动地出资做广告，也有两三个美食账号来到店内，以我的门店作为题材进行了创作，也算是为门店免费做了推广。这证明只要把门店的产品质量等各方面提升上去，自然会吸引有兴趣的人来驻足品尝。

## 9.2 让新客成为回头客

门店正式开张之后做了推广，就会有大量的新客来门店进行产品的尝试，那怎样把新客转化为回头客就是门店所需要做的重中之重。

### 9.2.1 回头客的重要性

在现在的竞争环境当中，对于新客的获取成本，已经变得非常昂贵，需要不断地在线上和线下进行流量的搜索和筛选，让这些流量有机会成为门店的新客。

在这些流量的获取过程中，需要耗费大量的资金成本和时间成本，同时随着现在餐饮的竞争状态越来越激烈，流量的获取方式也在不断变化，更进一步提高了新客的获取难度和获取成本。

然而回头客对门店来说，所需要付出的成本就低得多，可能只有1/5。首先回头客是尝试过门店产品和服务的人，不需要额外推广门店的产品和服务。其次回头客对门店有认同感，只要门店能够保持与顾客心理预期一致的或更高的品质，那么门店在顾客心中始终是会有一席之地的。

回头客不是一锤子买卖，会每隔一段时间返回门店消费，这给门店带来的效益非常可观，这是仅仅依靠新客的门店无法想象的。与此同时，回头客还能够帮助门店进行口碑宣传，要知道口碑宣传达到的宣传效果最佳。

## 9.2.2 如何让新客成为回头客？

既然回头客那么重要，我们该怎样让新客成为回头客？首先我们要有一个意识，就是要争取让尽可能多的新客转化为回头客。想要达到这样的效果，我们通常采用以下方式。

**1. 营销活动**

门店可以采用各种各样的营销活动来对新客进行绑定，例如，可以引进一套门店的会员系统，让尽可能多的新客成为会员，并且得到相应的优惠。这样做有什么好处？如果采用充值的方法，首先顾客的消费和门店进行了绑定，以后每次顾客想要买相应的产品，首先考虑的是会员门店。其次因为是预存的资金，所以可以增加门店的现金流，提高门店回笼资金的速度。

但是需要注意的是，这些提前回笼的资金并不是实际到账的资金，其中有一部分还是要拿出去支付人工、材料、房租、水电气等成本的。所以，如果想通过会员系统来达到门店快速扩张的话，一定要在成本上进行核算。

当然，营销活动的方法多种多样，会员储值只是采用比较多且有效的一种方式，但归根结底还是要有一个前提——门店的基础竞争力。

**2. 门店竞争力**

如果不整这些活动，对自己的门店产品、门店服务、门店环境等各项指标都有足够的信心，那么也能收获一批忠实顾客。

由于门店有超高的竞争力，没有任何附加条件和营销策略，所吸引来的回头客必然是有超高黏性的忠实粉丝。但是，想要达到这样一种境界，需要付出足够多的努力和时间。对于初次踏入餐饮行业的人员来说很难做到，所以能够达到这种境界的一般都是一些口碑老店，这种店对于新客的转化率是非常高的。

在我们的经营过程中，最好的方式还是将两者进行有效的结合，一方面需要对自身门店的竞争力进行提升，这是让新客成为回头客的基础；另一方面也不能忽视营销，好的营销活动能够让新客转为回头客的概率提高几倍不止。所以，这两个方面是相辅相成的。

### 9.2.3　维护回头客

之前我们说到回头客的成本要比开发新客的成本低好多倍，但是这并不意味着甩手不管，回头客就会一而再、再而三地来门店进行消费。在保持门店原有的基础产品与服务上，我们还需要对回头客进行一些维护。

回头客的维护方式有很多，但对于中小餐饮门店来说，最用得上的还是与回头客建立一种比较亲近的关系，并不是说要送好多礼品或实行多么优惠的折扣，而是需要让回头客感觉到他们是"被照顾到的"和"特殊的"。

这种亲近的关系准确来说就是一种人情味，能够让顾客体会到人情味的门店，生意往往都不会太差。

### 9.2.4　故事：靠回头客做起来的门店

在我的印象中，有一家经营中式快餐的门店非常会拉拢回头客，也正是因为它对回头客的重视，使得它成为我们当地数一数二的快餐店。

首先菜品味道确实不错，环境和服务虽然称不上非常好，但以快餐的标准来看也还不错。

其次它有自己的会员系统，支持新老顾客的会员充值，并且新客充值能够享受稍微多一点的优惠，这个活动为门店拓展了很多的新客。

为了能把新客持续挽留在门店中，他们还推出了针对会员顾客的限定产品，并且会持续更新。能够比一般顾客有更多的"权限"，这对于回头客的吸引力是非常大的，极大地满足了会员顾客的虚荣心。

同时根据后台会员的数据，会员生日当天来店内消费的话，还会有额外的礼品和菜品赠送，这就显得非常贴心和人性化，让回头客觉得选择这个门店是值得的。

这个例子也给了我很多的启发，我将他家门店的一些方法纳入自己的门店经营当中，希望能够有更好的效果。

## 9.3 打造细节

俗话说"细节决定成败"，在门店经历过试营业以及正式开张之后，在正常的运营过程中，还需要不断地对门店进行发掘和打磨，其中很重要的一点就是要"打造细节"。

### 9.3.1 何为打造细节？

很多人不理解在餐饮门店当中什么样的做法或者行为称得上是值得打造的细节。其实在日常生活中我们也经常遇到，比如收银的时候老板给你抹了零，或者你在门店中遇到的同样操作比其他门店更加便捷，又或者门店中某块区域变得更漂亮了。

因此从本质上来说，打造细节就是要让顾客在门店消费过程中体验到更多的小惊喜，而且这个惊喜最好是顾客每次来都能有不同的变化，因为人总是喜欢新鲜感的。

当然想要顾客每次来都能看到门店不同的变化也许非常难，毕竟这只是顾客单方面所想的，但我们的门店可以通过怎样的方式来朝这个方向努力呢？

这就需要把细节进行区分。根据感受的不同，我们把细节分为产品细节、服务细节、环境细节。而其中服务细节是可变性最大的，同时也是成本最小的。尽可能提升服务细节，能为门店的顾客带来更好的就餐体验。

## 9.3.2 怎样打造细节？

细节区分之后，我们怎样进行有针对性的打造呢？

**1. 产品细节**

对产品细节的要求，本质上是对产品品质的把控。正因为从原材料到出品需要经过一个完整的操作与加工流程，而其中的每一个项目都有可能影响最后的产品出品，所以产品的细节不仅仅是产品外形的好坏，而是从原材料开始就考验对各个环节的把控程度，前面我们介绍了怎样把控产品品质，这里就不赘述了。

**2. 服务细节**

服务细节是需要着重介绍的，它的核心就是要在顾客的前面，让顾客感觉到周到。比如：

（1）顾客用餐时服务人员听到还要来一位顾客时，立刻备一套餐具上桌。

（2）顾客打电话，有需要记录电话号码或紧急事务时，服务员应主动送上笔和纸。

（3）顾客带小孩进餐时，服务人员应主动准备宝宝椅。

（4）顾客进餐时因食物太辣呛着，服务人员应为顾客送上一杯温水。

（5）菜上得很慢，顾客的眼睛四处张望，表现得很着急，服务人员需要立即上前安抚顾客，"先生（女士）您好，您赶时间的话，我马上帮您把菜催一下"。

（6）顾客点餐完成，人数减少了，服务人员要主动询问顾客是否需要减餐（尽量减利润低的菜肴）。

（7）顾客进餐后若要剔牙，服务人员要为顾客送上牙签或提前在餐桌上摆放牙签。

（8）顾客在等位时，服务人员可以为顾客准备茶水、小点心、杂志等打发时间。

（9）遇到行动不方便的老人进餐时，服务人员要主动上前搀扶老人。

尽量提前想周到，提前帮顾客做好服务，就能够给顾客一种非常惊喜的感觉。

但是在实际的操作过程中会存在一个问题：服务人员的精力是有限的，如果把每个细节都做到极致，势必要耗费服务人员大量的时间和精力，也会影响门店的运营效率。这时候就需要根据门店的性质和经营的品类进行平衡，如果门店本身对服务的要求比较高，同时经营的品类也相对高端，那就尽量把细节打造得更加完美；如果门店经营的品类比较大众化，同时服务人员的数量有限，那么在不影响门店运营效率的基础上，尽量把服务细节做好就可以了；想要让顾客更加惊喜，可以在其他的细节方面体现。

### 3.环境细节

顾客从踏入门店，到用餐，再到走出门店，整个门店的环境都环绕着顾客。在这个过程中，我们需要注意下面的细节。

（1）肉眼所见一定要避免杂物。杂物非常影响观感，给人一种杂乱、不卫生的感觉，所以在顾客看得到的地方必须保持整洁、无杂物。

（2）餐桌和餐椅的舒适度。餐桌和餐椅需要考虑舒适度、有没有靠背、餐桌的高度，这些都会对顾客的体验产生影响。

（3）走道预留空间。走道的空间如果太过狭窄就会显得拥挤，站在顾客角度来说，当然是宽松一点比较好，但是较多的面积用在走道上，也意味着其他区域的可利用面积会减少，所以根据门店的需要达到平衡。

（4）根据四季温度变换细节装饰。门店内的环境和装饰并不能一成不变，一年四季的温度都不同，夏天炎热，冬天寒冷，除了空调直接调整室内温度，还需要增加一些小物品来给顾客一种"当季"的感觉，例如夏天走道上的一些绿植、冬天座椅上的靠枕，同时还可以在软装的细节上进行一些改变，如玻璃窗花、可调整的墙面装饰等。这些都可以给顾客就餐时提供更加温馨和舒适的感官体验。

（5）音乐调节。背景音乐可以影响餐厅的氛围，根据门店的不同定位，需要播放不同类别的音乐。例如，门店定位比较舒适高雅，那就需要播放一些古典音乐；如果定位比较潮流化，那就要播放一些时尚流行的音乐。

### 9.3.3 故事：我所注重的细节

我的门店属于快餐类，所以对于人员的利用效率和工作效率要求很高，因此比起服务，我选择将更多的精力花在产品以及环境上。当然并不是说我不注意服务，我们的基础服务还是做得很好，只是说一些额外的服务无法做得如上面所说的那样细致。

所以我选择了用产品本身的品质，以及环境中的一些细节处理来进行弥补。

针对产品，每当有新品上市，我们会有一个试吃的环节，让顾客提前了解我们的新产品。在环境上，我为了迎合店内温馨的氛围，增加了一些应季的花卉绿植，以及播放一些比较舒缓的音乐来调节气氛。

同时我的细节打造也不是一成不变的，会随着时间和潮流的改变而改变。

## 9.4 注重心态，保持平稳

在进入正式开业之后一段时间，门店经营数据肯定会发生变化，这个时候我们一定要调整好心态，保持平常心，专注于服务好每一位顾客。

### 9.4.1 门店经营数据变化

很多门店在正式开业之后，通过拉新客的开业活动，头半个月可能会取得非常不错的营业额和客流量，到后来这一数据就往下跌了，我们心里也不由得慌张起来，那我们就先来讲一下经营前期的变化。

开业的头一个月，一定是最繁忙的时候，账面的数据会比较漂亮，肯定也会令人十分欣喜。但是之后，一直到第三个月，是一个调整和稳定的时期，顾客会根据门店的活动以及口味、服务、环境等各方面对门店进行考量，并以此来决定是否继续做这家门店的回头客。

而等到三个月之后，因为新鲜感而来门店进行消费的顾客，占比已经逐步下降了，回头客的群体就会慢慢稳定下来。我们身边的同行朋友也经常说"好不好，三个月"。当然，这个调整期的时间，往往并不会那么精确。

所以真正看一家门店能否持续经营好，并不是看它的开业有多么火爆，而是要看在调整期内，它能否把这些顾客尽可能多地留住，在后期的经营中有足够多的回头客的支撑。

### 9.4.2 创业至今的心态变化

随着经营状况的波澜起伏，餐饮创业者的心态肯定也会跟着变化，那么从一开始到正式经营之后我们的心态经历了怎样的过程呢？

**1. 筹备期**

当还在筹备期的时候，我们会觉得每件事情都十分新鲜有趣，不管是找店铺也好，还是找设备、搞装修，哪怕遇到了非常棘手的问题，在这个过程中也都会立刻去解决。

支撑着这股冲劲的心态，其核心就是心心念念想要创业，现在终于能有一个属于自己的门店，每样东西都可以做成自己理想的状态，并且在这个过程中开始了对未来的美好畅想。

**2. 试营业期**

在试营业开始的时候，我们一定会觉得兴奋，因为我们亲手打造的门店终于展现在世人的眼前了，并且可以投入运营，产生现金流，运气好的话，马上就能获得盈利。但同时我们也会有些担心，是不是哪些地方做得不够好。

试营业的过程中必定会遇到很多麻烦，不管是哪个方面出现了问题，都会对自身的心态产生一定的冲击。

我们脑海中可能会产生这些想法："原来并没有这么容易""当初还是想得太简单了"。在真正接触过顾客之后，心态也会不一样，多少会发现跟预想中的有些差别。这是十分正常的，关键在于遇到问题之后怎样调整心态，以及怎样迅速地把相应的问题处理好。

因为这个时期门店还存在很多不确定因素，所以为了能早点把门店打造成理想中的状态，我们心里还是充满着动力和干劲的。

**3. 正式营业期**

在正式营业之后，随着业绩趋于平稳，人的心态会再次发生变化。因为这时候门店的顾客已经趋于稳定，回头客的占比上升，一切就像是进入了良性循环状态。

一旦门店进入良性循环，特别是对于中小型餐饮店而言，很多餐饮创业者会选择"安定"下来，随着这个循环自主地运转。时间一长，心态也会逐渐稳定，变得不会过多在意短期的生意波动。

心态保持平和是正确的，但值得注意的是，对餐饮的热情不能减退，因为这份热情是支撑这份事业做得越来越好的根本。

### 9.4.3 保持平和心态

平和的心态是处理事物的基本要求，所以无论什么时候我们都要尽量保持心态端正。

既然是做生意，那么亏亏盈盈总是正常的，所以在经营门店的过程中，作为餐饮创业者，如果仅仅因为当天的收入高就特别兴奋，而收入低就郁郁寡欢，那么这对于门店的经营非常不利。

因为一个人的心态好与坏会体现在外在的行为上，同时身边的人也会受影响。如果门店创业者每天都特别兴奋、高亢，那么周围的人也会被带动，虽然情绪上没有多大的坏处，但过于兴奋难免对紧密的操作流程产生一定的负面影响。

当有一些出乎我们意料的经营情况发生，或者在短时间内的收入出现很大的波动，我们一定要稳住自己的心态，不能盲目地做一些决策。因为心态不好的时候，你做出的决策也是错误的，最终还是达不到你想要的结果。

这个时候就要结合当时的经营数据进行理性的分析，然后再做出决策，这才是正确的做法。

## 9.4.4 故事：我的心态波动

我在开业最初的一段时间里，其实怀着忐忑与兴奋的心情。特别是在即将试营业的时候，我的心情颇为复杂，想着一定要拿出十二分的努力来面对每一位顾客。忐忑的是，万一试营业生意不好，菜品得不到顾客的肯定怎么办？

万千思绪堵在心头，一时间无法释怀。

但是光担心是没有用的，该开业还是得开业，该做事就得做事。值得庆幸的是，我家门店初期的生意还不错，试营业期间也得到了不少顾客的赞扬，这让我充满了信心。

不错的经营数据让我有点"飘"，忽略了当时一些顾客提出的一些建议，仍然按照自己的想法处理事情。随着时间的推移，我发现试营业的业绩开始慢慢下滑，而且熟悉的顾客也少了一些，这下我就慌了起来。"怎么会这样？""是哪里出了问题？""该咋办？"一时间各种各样的问题让我不知所措。

这时候，厨师长看出了异样，找到了我。他跟我说，这段时间，生意的确不错，但菜品还是有一些问题，比如之前客人也提到过，我们套餐的配菜几乎每天都一样，很容易让人吃厌，那时我并没有在意，还说外面的连锁店也没有天天换，生意也不错。

看来我还是太年轻，换位思考一下，站在顾客的角度，特别是回头客的角度，天天吃同样的配菜确实不妥，而且我们也没有与连锁店竞争的资本。

我进行了自我反省，看来是我的盲目自信导致我忽略了原本应该看到的问题。于是我让厨师长安排了一周不重样的配菜，并且将菜色通过图片的形式贴在了海报上，让之前的顾客能够重新了解。

简而言之，我在初期生意好的时候过于自信，造成了一部分顾客的流失，不过幸好及时调整，并且采用了正确的方法，及时挽回了局面。

# 第10章 门店常用的营销手段

在十多年之前"营销"对于我们大多数人而言,还显得很陌生,但是现在几乎人人都知道,这是因为营销的力量已经被世人接受,并且得到验证。

同样,在竞争环境日益严峻的门店经营当中,营销也逐渐成为门店竞争力非常重要的一环,接下来我们讨论一下门店常用的营销手段。

# 10.1 节日营销

元宵节、劳动节、国庆节、春节……每当一个节日到来，不管是线下的大街小巷，还是线上网站，都充斥着浓厚的节日气息。这些商家是真的在庆祝节日吗？很显然，是借着节日的热度进行商业营销。

每逢节日，市场中往往有着远超日常的流量和消费购买力，餐饮行业也不例外。所以，作为餐饮创业者，我们需要对节日营销有所了解。

## 10.1.1 节日营销的特点

**1. 可预期强流量**

节日是生活中值得纪念的重要日子。现在很多节日与假期重合，这就给了商家做节日营销的机会，让商家能够提前做好准备。

同时节日本身是一个自带强流量的热点，而节日营销从根本上来说，就是趁着这波节日的热点来做营销活动，尽可能多地收获比往常更多的流量转化。

**2. 文化性**

节日营销不同于其他营销活动的是，节日的背后蕴含的是中国（或其他地区）的历史文化以及人文情怀，这对于在节日当天顾客是否消费，是有重要的促进作用的，所以我们要对节日本身有一定的了解。

因为有了文化和人文情怀作为纽带，可以激发门店与顾客之间的共鸣，从而提升顾客对于餐饮门店的好感度，也有助于提升门店的品牌形象。

## 10.1.2 节日营销的方法

多数人对于"节日"是带有一定情感的，所以门店在营销活动上如果只是简简单单的折扣优惠，就会显得十分敷衍。面对节日的特殊性，我们还需要有针对性的方案，才能够取得更好的效果。

**1. 文化渗透**

正因为节日背后有着丰富多彩的历史文化背景，我们可以从多方面挖掘节日背后的故事，然后把这个故事进行一个现代的演绎，从而达到与门店的商业活动挂钩的目的。

通过这种形式表达出的商业活动，在心理上更容易被顾客所接受，因为它有着节日的文化作为铺垫，不容易造成一般活动那种赤裸裸的商业感，不会遭到顾客心理上的排斥。

当然想要达到这样的一种效果，也需要有一定的前提，那就是营销文案需要过关，要有血有肉，让顾客感觉到这是一次走心的活动，因为大多数顾客对活动的文案抱着一种欣赏态度。

那么文案的内容可以从哪些方面入手呢？

其实核心是关联度，也就是当时的节日主题与门店的关联度。而门店方面可以是与门店名相关，也可以与门店的特色菜相关，只要能拿出与节日主题相关的东西都可以。

**2. 节前预热**

既然节日的日期是固定的，我们就能够有更多的时间为节日做铺垫，而不仅仅是局限于节日当天来做营销活动，这样通过节前预热所能够达到的效果往往会比节日当天直接发布营销信息更好。

节前预热其实就是做节日当天营销活动的一个"热身"，为的就是尽可能多在节日之前吸引顾客的关注，同时也可以通过一些小活动来增加顾客的参与感，为节日当天的正式活动做好铺垫。

值得注意的是，节前预热需要进行一些氛围的营造，可以是利用限量品营造紧张感，也可以利用节日当天抽奖等方式营造神秘感。

### 3. 打造特色

当然这么多的餐饮门店不可能只有你一家做节日营销,所谓"知己知彼",了解竞争对手的营销方式,努力从众多门店中脱颖而出,成了最关键的一条。

而在节日当中能成为特色的,主要有以下两个方面。

(1)产品

结合节日的主题,打造出一些有节日特色的、时令鲜明的产品,并把它作为节日当天的主打菜,可以成为节日当天门店的特色之一,甚至还可以推出限定款,只在节日当天推出销售,可能会有意想不到的效果。

(2)门店活动

对于餐饮门店而言,节日营销自然是必不可少的。节日当天的活动,一定要结合节日的主题,保证一定的趣味性和互动性,可以让门店在众多打折促销的餐饮活动中脱颖而出。

### 4. 改善门店环境

从门店预热的环节开始,我们就可以在门店的环境上做一些文章,把与节日相关的一些物品或者装饰添加进去,增强整体门店的节日氛围,例如春节时在玻璃上可以装饰窗花贴纸,在门上可以贴对联或者福字,还可以在屋顶上挂上一些拉花。

门店环境的改善时间是在节日的前后,所以在节日过去一段时间之后需要将与节日相关的装饰及时撤换,从而恢复日常的气氛。

## 10.1.3　故事:快乐的儿童节

我的门店在开业不久之后便碰到了第一个节日——六一儿童节,所以在节日到来的前一周我开始进行一些准备。

其实不管多大的人,始终是保有童心的,因此,对于我而言,要打造的儿童节不只是针对小朋友,更多的是针对葆有童心的大人。

我在节前一周预热的时候,设计了一个活动,找来了很多童年时期的歌曲,就餐的顾客只要能接对下一句，就能够获得一张抽奖券，可以在节日当天参加门店的抽奖，同时可以换购一份限定的产品。

周围很多大学生顾客就餐后，积极性很高，获得了很多抽奖券，还自发地帮我的门店发朋友圈进行宣传，这是我一开始没有料想到的。

在六一儿童节当天，我准备了儿童节的套餐作为限定产品。事先也采购好了童年时的小玩具，作为抽奖的兑换品，同时抽到特等奖是兑换现金，不过只有一个名额。

当天的活动十分顺利，门店也因为提前做了预热而获得了大量的客流，我不禁感叹，节日营销真的非常重要。

## 10.2 社群营销

社群营销是在网络社区营销及社会化媒体营销基础上发展起来的新营销方式。它不仅受用户欢迎，还可能成为继续传播者。如何利用微信、QQ进行社群营销呢？对于我们中小餐饮来说，又可以怎样操作呢？

### 10.2.1 定位与转化

社群营销有很重要的前提，那就是同一个社群里需要相同属性的人，属性定位越精确，后期的可操作性就越强。例如对于餐饮门店来说，一个叫餐的社群和一个大部分是白领的叫餐社群，它的价值是不一样的，很显然后者的精确度更高，门店也能够更加有针对性地提供餐饮服务。

所以这就牵涉到人群定位的问题，前面我们也提到过，怎样精确定位门店的顾客人群，在社群营销上也同样适用。

与门店定位目标顾客不同的是，社群营销的顾客定位可以更加精确，因为社群中的人是具有彼此相关性的，例如你可以以顾客的工作地点为属性目标，或者以顾客的职业为属性目标，让社群中的人产生相关性，但也正因为这样，单个社群的体量是有限的。

定位社群的具体属性并不是很难，难的是怎样把相同属性的顾客转化到同一个社群中去，简单一点说就是流量的转化。

想要做到精确的转化，对于餐饮而言，在线下进行顾客的引导和入群是比较合适的。例如门店的目标顾客是女性白领，那么就可以在商业区周边进行门店的地面推广，赠送一些女性喜欢的福利，前提是需要加入门店的社群。

利用这样的一些方法，吸引到的顾客就可以成为社群中的潜在客户。

### 10.2.2 管理运营

当门店吸引了种子顾客转化到社群中之后，接下来要做的就是对这个社群进行管理和运营。

**1. 使用方式**

就社群的管理工具而言，餐饮门店使用比较多的还是依托微信这个平台，毕竟是大众化的应用，但根据门店的实际情况还是有一些区分的。

如果门店规模不大，社群数量也不多，那么利用微信本身的"微信群"功能，基本也能够实现对社群的管理，它的优点是彼此之间的交流比较方便快捷，时效性很强。但缺点也很明显，现在的微信群中很多会有广告，也有与群内主题不相关的内容，从而可能会忽略社群中真正的需求，同时它也不存在数据后台和客户前端下单，所以在数据统计方面是不太方便的。

如果门店的信息化建设预算足够多，同时门店的体量也足够大，那么可以为门店建立一个专门的微信公众号平台或者微信小程序，通过这些平台来打造门店的社群。这样做的好处是，依靠这些平台和小程序，我们可以发布很多内容，而且这些平台有专门的活动插件入口，社群的顾客可以通过这些平台入口直接参与活动，同时各种数据都存在后台，能够监测到各项活动的情况，有利于社群的良好发展。

**2. 群规**

所谓"没有规矩不成方圆"，作为一个处在私域空间里的社群，理论上不存在很强的行为监管以及言论束缚，但如果没有良好的规矩，就会导致我们辛辛苦苦打造的社群很容易沦落成一些发布广告，或者闲扯聊天者的地盘（如果有想聊天的需求，可以另外组建一个聊天的社群），毕竟社群目的是以销售为主。

因此在社群创立之初就需要有良好的社群规章，让社群内部的顾客能够有良好的环境，才能保证门店与社群顾客之间的有效沟通。

例如需要有一个专门的管理员进行社群的信息发布和管理，如果出现发布广告、人身攻击等违规信息的账号，管理员要及时处理。

对于新进入的社群成员，也要给予热烈的欢迎。

**3. 福利分享，价值传播**

门店的福利分享是社群的核心，顾客进入门店社群，最主要的目的是得到门店的一些相关优惠与福利。

福利发放的方式多种多样，内容也各不相同，但它的核心玩法都是共通的。

初期如果社群内人数比较少，我们的活动以对外推广招收社员为主，在福利分发的时候，就需要设定一个规则，让社群顾客进行对外分享和推广，审核通过后，就能够获得这份福利，当然前期福利的力度是比较大的，例如社群顾客招收两名新的顾客进入社群，就能够拿到一张门店的5折代金券，这对于大多数社群顾客还是有一定吸引力的。

如果社群内的顾客已经达到了一定的基数，那么福利发放的方向可以改为以内部社群顾客为主、推广为辅，这样也能够保证门店的产品品质和服务质量。

为了提高社群顾客的黏性，门店不能一味地在社区内只发一些折扣、优惠之类的东西，同时也要给顾客带来一些真正有价值的内容。

具体的内容可以根据社群的属性和主题来定，比如是轻餐饮食的社群，除了给顾客发布日常的产品以及福利之外，还可以分享一些关于健康饮食、瘦身减肥等相关内容的文章，进行社群气氛的调节，同时这也是一个价值的输出，对带动门店相关产品的销售也是有正向意义的。

**4. 线下活动**

由于有实体店铺作为依托，我们社群在运营的时候，也可以定期或者不定期地组织一些线下的活动。场地可以是在门店，也可以以门店的食材为主，在其他场地组织活动。例如在春天的时候组织郊游，是一个非常不错的选择，同时社区内的顾客包括门店的人员还能够增进感情，最终达到增强黏性的目的。

综合来看，简单流程如图10-1所示。

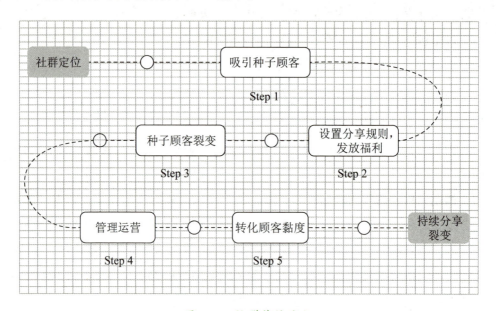

图10-1　社群营销流程

## 10.2.3　故事：我的小办法

我经过一段时间的努力有了属于自己的一个小社群，依托的是微信群功能。但是很多顾客加入群之后就沉默了，到了点餐的时间发布菜单和优惠，很少有回消息的顾客，这让我不禁烦恼了起来。

我经过了很长时间的思考发现，原来很多人有把微信群关静音的习惯，可能怕打扰工作，但是这样一来，在群里发布什么内容基本就看不到了。

知道这个原因之后，我每次在发布优惠和菜单之前，会先发布一个红包

"@所有人"，这样信息是会主动弹出来的，而且大家对于红包都没有什么抵抗力，借着这个空挡我再来发布相关的信息。

就结果而言，用了这个小诀窍后，我的社群内的订单量的确有一些提升。

## 10.3 利用软件平台精准营销

前面我们曾经说到，可以利用平台为我们做门店的推广，本章我们就来讲一下如何利用软件平台来为门店做精准的营销。

在具体做精准营销之前，我们需要明确如何才能做到"精准"，那就需要掌握顾客较为具体的消费数据和门店经营细节，而这些数据一般而言是沉淀在软件平台的后台，需要自己去挖掘的。

### 10.3.1 顾客画像

首先我们要了解自己门店的顾客画像，那什么是顾客画像呢？它包含了与顾客相关的方方面面，顾客在门店消费的一些行为，都会被软件平台根据大数据打上相应的标签，然后对相同的标签进行归类整理。

这个时候我们通过软件的后台数据，就能够读取到各类顾客的属性，常用的一些属性如下。

**1. 年龄分布**

年龄分布能够很直观地显示出你的目标客群相应的年龄比重，这个功能有助于进行门店定位的重新审查和长期自查，看看门店的经营状况是否与当初的定位相一致。

方案：如果门店的年龄分布与门店定位相一致，那么门店继续保持现在的经营方针，持续优化就可以；如果年龄分布与当初的定位目标相差较远，那就需要重新考虑门店定位。为什么不是把市场目标客群纠正过来呢？因为市场的客群并不是你想纠正就能纠正得过来的，这样做的风险很大，很可能会既没有吸引到新的目标顾客，辛苦积攒的老顾客也流失掉了。所以，相比之下还是把现阶段已经经营得比较好的年龄段的顾客持续优化，针对他们进行一些经营上的策略改动。

### 2. 性别分布

性别分布和年龄分布一样，也是很直观就能看出来的数据，同样也涉及最初门店定位的问题，所以相比之下根据现有的数据，把分布较多的性别作为主要目标，进行针对性的优化营销，是比较靠谱的方案。

### 3. 新老顾客占比

每一个新客在门店消费之后都会留下数据，如果产生了复购，那就变成了老顾客，这肯定是有一定比例的，而软件平台的优势就是你能清晰地观察到这些数据。

在知道了门店新老顾客比率的情况下，有些平台可能还会提供一个同行业平均的新老顾客比。有了这个比率作为参考，就可以看出自己对于回头客的经营有没有达到行业的平均水平，然后就可以发现是否存在回头客不足的问题，从而对经营思路进行调整。

方案：如果平台的数据显示出回头客的占比是比较低的，那我们就要做一些增加顾客复购的活动和营销，例如埋单赠送代金券、充值有礼等活动。

### 4. 顾客流失数

还有一个比较重要的数据是顾客流失数量，这个数据与新老客占比的不同在哪里呢？新老客占比只是对初次消费的新客与回头客进行区分，而顾客流失数这个数据能够显示出某一消费次数下和某一消费时间段内，顾客的数量是多少，比如近7天、30天、90天内，消费次数少于1次、达到1次、达到3次及以上的顾客有多少。

当然这个数据是会存在重复的，但最主要的功能是为门店分清楚哪些顾客是已经流失或低频的消费顾客、哪些顾客是高频的消费顾客。

方案：如果在数据中体现出流失或低频消费顾客比较多，那么我们可以通过平台的一些工具针对这一群体发放福利。

## 10.3.2 交易分布

除了从顾客方面出发,我们还可以从交易方面进行数据的挖掘。

**1. 客单价**

首先交易数据中客单价是最直观的一个方面,从后台数据上我们可以看到它是否与我们当初的定位相符合。同时软件平台一般还会提供商圈内相关品类的平均客单价,以及各个客单价数量之间的占比,这个数据对于门店将来新产品定价也有一定的帮助。

当然我们总是希望达到尽量较高的客单价,现在的软件平台中也都有相关的活动工具。例如可以根据顾客历史客单价的多少,针对性地进行福利优惠的发放。

方案:想要提升客单价我们可以做一些阶梯类的满减或满赠类型的活动,诱导消费者购买更多的附加产品,从而达到提升客单价的目的。

**2. 时间段流量**

在各个时间段内的平台客流量,也是值得我们关注的一个分析数据。在软件平台中一般后台也能找到相应的入口,时间段流量能给我们提供哪些信息呢?

这个数据主要说明了门店在平台上经营的一天内,各个时间段中,线上流量对门店进行的曝光量、入店浏览量、下单量分别是多少。

同时软件平台一般还会在旁边标注同商圈内的平均数值是多少,这对门店的平台经营状况也有参考价值。

方案:门店的曝光量、入店浏览量,以及下单量是呈倒金字塔形的数据结构,从时间段流量这个数据上来看,如果某一时间段流量很低,那么可以考虑通过一些经营活动或新增加一些产品来提升这个时间段内的人气和流量。

**3. 门店产品**

门店产品的数据也是平台交易数据的一大块,包括门店最畅销的一些品类,以及同商圈中比较畅销的品类,经过一些数据对比我们就可以发现,自己门店的拳头产品在商圈中的销量排名到底如何,以及商圈中顾客的口味偏好是怎样的。

方案：通过商圈中的产品排名，我们可以知道顾客的大体口味偏好，可以为自身的门店设计一些方向和思路，但是前提也要考虑到门店自身的产品定位和目标顾客群体。如果商圈内的口味恰好和门店定位的方向一致，而门店却没有拳头产品能够打入商圈排名，那么就可以参考平台数据当中其他商圈的产品方案。

### 10.3.3　故事：我的平台营销

我的门店在软件平台的销量一直平平，我几经周折，换了好多活动都没有很好的效果，直到有一次和自己的平台经理进行沟通，他告诉我，问题出在我没有依靠平台数据进行精准营销，这才让我恍然大悟。

经过平台的数据分析，我门店的回头率还是不错的，只是通过平台流量进入的顾客，在标签属性上与门店日常客群略微有些不同，年龄上更加偏向于年轻化，喜欢的也是比较新颖和潮流的口味。

于是我对产品本身进行了一些改进和升级，也在平台上发布了一些相关的套餐和活动，针对特定的年龄层也发放了相应的福利券，在这个操作之后，平台门店的活跃度渐渐高了起来。

## 10.4　慎用低价营销

在中小餐饮门店当中，打折促销活动可以说是一种常态，很多门店经常搞一些大额度的折扣作为吸引顾客的手段，但是这样的做法是否能真正地提高门店利润率呢？让我们来讨论一下。

### 10.4.1　低价营销的作用

首先，低价营销有没有作用？当然是有用的。

对于餐饮门店而言，降价打折、低价促销的最主要的目的就是能够聚集起大量的人气。我们的心态普遍就是哪个门店人气旺，就到哪家门店去吃，是典型的羊群效应和从众心理，在这个前提下低价营销是有它的用武之地的。

同时，如果有打折促销的活动，一时间低于行业平均水平，那么也会对相关的其他门店造成一定的挤压，会把其他门店的顾客流量抽出来，吸引到自家的门店里。

所以，在门店初期需要种子顾客，或者在某一个时间段需要配合某一新产品获得大量人气的时候，低价营销往往都能带来不错的人流量。

但是低价营销并不适合长时间做，因为时间一长就会对门店正常的经营造成反面的影响。

### 10.4.2 低价营销的优缺点

低价营销其实就像饮鸩止渴，一开始会觉得效果很好，但时间越久就越会拖累门店，总体上来说还是弊大于利的。

优点：简单粗暴，见效快。

正因为低价营销没有复杂的营销模式，只是简单地降低产品和服务价格，所以一开始使用会让顾客感觉占了便宜，从而带来大量的客流，见效很快。

缺点有以下几个方面。

**1.客群价格敏感度上升**

如果低价营销使用的次数过多，或者长时间使用低价营销，那么会导致顾客对门店的价格敏感度上升。也就是说顾客会慢慢变得因为价格而斤斤计较，这是我们身为门店而不愿意看到的。

等到后期顾客的价格敏感度持续走高，那么就可能出现这样的情况：门店搞低价营销活动，就会有顾客来进行消费；如果不搞，门店可能就没有什么客流量，生意惨淡，这就陷入了所谓的"低价陷阱"。

**2.产品与服务价值感流失**

虽然多次、长时间的低价营销是使门店陷入"低价陷阱"的原因，但是从更深层次挖掘，我们可以发现，其实这是门店产品与服务的价值感流失所导致的。

那为什么会出现这种情况呢？

原本我们门店的产品定价，一般而言都会存在一定金额的产品溢价，而这部分的价值就是对于门店的产品以及服务表示认可的价格。

但是长时间的低价营销，会使这部分的溢价降低，无形当中会让顾客以为，门店的产品和服务认可度在下降，门店降低了对产品与服务的把控。

**3. 高价值顾客流失**

在这种情况下，吸引而来的客流量往往并不是门店想要的目标顾客，大多数单纯是因为能占到便宜才到门店进行消费的。

这些顾客追求的是"价格"，能因为低价被吸引到我们的门店，那也必定能因为更低价被吸引到其他的门店去，是很难增强顾客黏性的。

如果长时间进行低价营销，以此来讨好对价格敏感的这一批顾客，那么原本的门店高价值顾客就会有很大概率的流失。

对于高价值顾客而言，他们看重的是门店所能提供的"价值"，也就是说他们关心的是门店的产品和服务，所以对他们来说即使存在多余的溢价，也是理所当然的，因为门店提供了令他们满意的产品。而门店一味地降低自身的产品溢价，也相当于降低了在高价值人群心目当中的产品价值。

**4. 利润率下降**

很多人在用低价营销这一策略的时候，通常会提到"薄利多销"这个概念，其实这是应该纠正的。

餐饮行业不同于其他产业，对于餐饮门店而言，特别是中小餐饮门店，在高峰期所能提供的产量和服务都是有极限的。

如果想要"多销"，势必需要增加额外的工作量，当现有人手无法满足时，可能需要新配人手，那么就会造成成本的上升，同时现在的顾客对于品质要求极高，偷工减料肯定是行不通的，想要在材料上省下成本也肯定办不到。

所以如果一味追求"薄利多销"，只能使门店的利润率下降，稍有不慎可能还会导致营业额的下跌。

### 10.4.3　故事：陷入低价陷阱的同行

在我门店的附近，有一家西餐厅，装修不错，服务也还过得去，唯一不足的是地理位置稍微有点偏。

在它新开业的时候，我收到了许多关于它的活动，一时间他家的门店人潮涌动，颇为火爆。隔了一段时间之后，活动取消了，人流量一下子减少了。

或许是因为前后流量的差别在心理上形成了落差，使得西餐厅有点按捺不住了，没过多久，又进行了一次力度很大的活动，虽然这次活动活动期间人也比较多，但和开业明显还是减少了一些，等到活动期一过，流量又渐渐减少了。

或许是心态的问题，这家门店的创业者自开业之后就经常做一些低价营销，以此来弥补地理位置的不足，换取相应的人流量。

我也去尝了一下，发现他们产品的品质只能说一般，并且在经营上并没有能够把新客转化为老客，也没有维护回头客的良好机制。

于是我去跟他们的店主聊，他也抱怨做活动就来人，不做活动人就很少。我向店主建议说，低价营销终究不是长久的办法，还是要打造门店的特色，清晰定位门店的目标顾客，通过低价营销吸引来的只能是短暂贪便宜的顾客，需要把门店自身产品和服务打造好，给顾客创造相应的"价值"感。同时心态也要调整，不能太过着急。

很显然这位店主是第一次开餐饮店，与我沟通之后也获得了许多的帮助，之后他经常到我的门店来吃饭，成了我的一位常客。

## 10.5　话题营销，打造网红效应

说到"网红"，现在大家肯定不陌生，身边已经有了很多成为网红的例子，或者也看过很多真实存在的网红。"网红"的流量属性不言而喻，在短期内是能够吸引大量的流量的，那对于我们餐饮门店而言，可以通过什么方法打造一波网红效应呢？

其中效果比较好的就是话题营销了。

## 10.5.1 话题营销的特点

和传统的营销方法相比，话题营销有哪些不同的地方，使营销效果能够那么突出呢？

**1.高传播度**

之所以称作为话题营销，是因为它把营销的内容打造成了一个人们所感兴趣的话题。

当人们面对超脱常理、剧情反转的事件时总会抱着猎奇的心态来关注，而这种心理也就给了我们一个可以进行营销操作的空间。

当我们把一个话题摆在公众视线当中的时候，只要能够激起他们的一些相关情绪，他们就能够自发为你进行有效的传播，并且在这个过程中会引发很多的讨论，然后再度传播。

**2.时效性**

话题营销具有时效性，正因为话题勾起的是人们的相关情绪，而情绪是会慢慢减退的，所以对于接触到话题的个体来说，时间越久，话题营销的影响力就越弱。

但是，话题存在的时效和强度并不是结束话题的个体决定的，而是话题本身的传播度决定的，因此想要提高话题的传播度，就要增强话题的爆炸性。

**3.高性价比**

相对于其他的营销手段来说，话题营销的投入产出比是非常高的，其他营销手段可能需要在推广上持续投入，或者利用折扣来吸引顾客，都会在成本上造成一定的压力。

但是对于话题营销来讲，找到一个精准的话题进行切入，一旦话题引爆，就能够带来巨大的流量，并且这些流量只是根据话题内容而来，并不会因为折扣的大小造成很大的影响，而且也无须持续地进行推广，因为话题本身就带有极强的自推广属性。

### 4. 双刃剑

既然话题营销这么好，那它有没有什么缺点？缺点当然是有的。在发布话题的时候，如果掌控不好，可能会带来反向的效果。

因为话题发布之后，会有一个公众进一步思考的过程，然后再进行二次传播，而在这个过程当中，很多想法和思考并不会随着我们预先设置好的方向去走，有时甚至会往反方向传播。

所以在进行话题设置的时候，尽可能设置一些风险容易操控的话题。

同时值得注意的是，在话题营销当中我们真正的推广目的往往隐含在话题内容之中，太过于明晃晃的推广话题是无法得到有效传播的。

## 10.5.2 话题营销的方式

那么我们通常使用哪些方式进行话题营销呢？

### 1. 借助热门话题

古有借东风，今有借热门，正所谓送上门的流量一定要充分利用。

当我们在线上或者线下发现即将出现一个十分火爆的话题，我们都可以借助这个话题来进行门店的营销活动。这样做的好处是，对于已经出现或者即将出现的热门话题，公众已经有了充分的了解，传播度已经达到了一定的水平。

对于我们餐饮门店而言，在这种情况下，就可以利用这种传播度，把门店的营销活动嫁接到这个话题当中，从而达到借助热门话题的效果。

例如：必胜客曾经有一个十分经典的营销案例，在2013年美国总统选举的时候，它也借东风跟着推出了一个活动"口味选举"，就是在奥巴马和罗姆尼的竞选辩论中，如果有观众能问两位总统"吃比萨更中意辣肠还是香肠"，就能获得终身免费的必胜客比萨。这个活动所提的问题很小，但是引起了民众广泛的讨论，还上了电视，虽然最后没有满意的结果，但活动的过程已经为必胜客获得了大量的免费曝光。

### 2. 创造话题

相对于借助热门话题，创造话题的难度就显然提升了一个档次。

首先，想创造一个具有高传播度的话题，就要利用公众的一些人性心理，把话题设置成能勾起好奇心或与公众密切相关的，就如同故事一样曲折婉转。

其次，在传播的过程中，想要让话题持续地曝光，那么话题内容就需要有一定的争议性，存在正反面，只有这样才能够让话题随着讨论不断地扩散，同时讨论过程中话题正反面的走向往往也会影响营销最后的效果。

所以，我们也需要进行风向的把握，一般而言，就是把有利于门店推广的话题观点通过各种渠道进行发布。

最后，当我们的话题不断重复曝光，而隐藏在话题内部的门店内容也会跟着被重复推广，最终门店就容易形成"网红"属性，也就达到了我们话题营销的目的。

### 10.5.3　故事：蹭一波热度

在2018年夏季，某企业的一个批次狂犬疫苗出现了问题，没过多久另一个企业的两个批次的百白破疫苗也被曝光出事，一时间家长们陷入了恐慌，舆论哗然，公众都在议论这件事。

在我看来，这件事情的热度能够蹭一蹭。于是我通过微信以及公众号推送了"现在的疫苗无法让人放心，那么现在的饮食放心指数是多少呢？"的话题，一时间获得了大量的讨论。多数人对现在的饮食情况表示担忧，"地沟油""添加剂滥用"都在破坏我们的餐桌"环境"；也有人表示乐观，监管的力度加大，会使这些现象越来越少。

在热烈讨论话题的背后，其实是我门店的食品安全管理和产品介绍，经过话题的铺垫和热点，原本普通的介绍就会显得更有针对性和传播度。

# 第11章　面对困难

经营一家餐饮门店的过程中，很难保证能够持续地维持较高水平的收益，总会因为各种各样的原因导致人气下降，营业额下滑。

面对门店可能存在的一些困境，就需要身为餐饮创业者的我们仔细分析，把可能影响门店经营状况的问题尽快排除。这里我们就来简单讲一下，经营过程中可能碰到的一些困难。

## 11.1 为何人气下滑？

在门店的经营过程中，人气下滑直接影响门店的收益。然而人气下滑的原因有哪些呢？

### 11.1.1 门店内部原因

导致门店人气下滑的因素有很多，其中最容易导致下滑，也是最可惜的，就是门店内部原因导致的门店人气下滑。

前面我们讲到过怎样把控门店的品质、服务、卫生等各个环节，但是如果门店不把这些自我把控做好，即使初期靠活动和营销积累了很多顾客，后期还是会流失，人气会越来越低，相信这个道理我们都懂，这里就不赘述了。

### 11.1.2 周期性因素

所谓周期性因素，就是门店的人气会随着这些因素有一个波动起伏的过程，并且在时间上往往是有章可循的。

**1.淡旺季**

在前面我们就讲到过，一年当中有淡季就有旺季，但是近些年以来，随着营销能力的全面发展，受时间的影响，传统意义上的淡季和旺季正在逐渐减弱。

**2.经济周期**

与淡旺季不同，经济周期的时间更为漫长，影响范围是全方位的，餐饮只是受到影响的其中一方面。

经济周期的波动分为上升周期和下降周期，完成一整个周期大概是10年，而餐饮门店很难有超过10年的，基本只存在于一个周期之内。

如果是在上升周期，经济发展相对较快，人们的经济状况也较好，消费水平和消费意愿会更高；如果在下降周期则相反，这些影响也都会反映在餐饮门店的日常经营上。

因为经济周期的时间很长，所以影响也不是一蹴而就的，门店经营的时间越长，经济周期的影响也就越明显。

### 11.1.3 外部环境变化

除此之外，外部环境变化也是影响门店人气下降的原因，但是外部因素有很多，其中具有代表性的是以下这些。

**1.商圈热点转移**

什么是商圈热点转移呢？简单来说就是商圈中的客流量主动或者被动地转移到其他商圈当中，而商圈热点转移的原因，一般是新建商圈的崛起。

容易出现这种状况的一般是在三、四线发展较快的城市，因为它们有一个特点就是新建商圈的速度很快，但是人口总量却很有限。

可以试想一下，假如同样是50万人口的城市，原本只存在5个大型综合类商圈，但5年间又增加了2个大型商圈，然而人口总量却没有很明显的增长，这样的后果就是，不管是图新鲜还是图方便，都会有一些顾客到新建商圈去进行消费，造成新建商圈从原有的商圈内部吸引客流量，进而就会造成原有商圈的商家人气下降。

**2.品类热度降低**

产品的品类也是影响因素之一，如果门店所经营的品类，属于在极短时间内火爆起来的网红品类，那么当这个品类的红利期过去之后，因为图新鲜而来尝试的客流量就会迅速减少。

这种品类有一个比较明显的特征，基本上是正在流行或曾经流行过的餐饮品类，同时门店对于自身的外在包装往往大于产品本身，只追求在短期内吸引大量的曝光和客流量。

很多餐饮加盟店，把精力放在了获取顾客关注度上。加盟公司的项目品类看上去十分诱人，但是真正经营了一段时间之后却发现顾客流失严重，导致加盟店无法生存，其实主要原因是品类热度降低。

### 3. 竞争加大

除此之外，同行业的竞争加大也是门店人气下降的主要原因之一。

我们可以想象，如果在一个商圈内餐饮门店的数量过度饱和，门店质量参差不齐，热门品类争相模仿，肯定也会造成客流量分布不均。依据二八原则，20%的餐饮门店可能会吸引大量的客流量，而80%的餐饮门店只能够瓜分剩余的客流量。

随着竞争的日益加剧，能够成为这20%的餐饮门店的，必然是专业度十分高，并且有相应的资源作为支撑。想要把餐饮门店做好已经变得越来越难，参与门店的生命周期也变得越来越短。令人唏嘘的是，这种状况现在在每个城市都是十分普遍的了。

举个极端一点的例子，可能门店今天的营业收入还可以，但明天如果在这条街对面开业一家同品类的品牌旗舰店，就能够对这家门店造成致命的打击。

### 4. 消费心理变化

随着市场竞争的加剧，餐饮门店数量增加，可供顾客选择的门店越来越多，在这个时候，顾客的心理也会发生一些变化。

从前，餐饮门店就那么几家出名的，顾客从中挑选最喜欢的就餐，但是现在则不然，商圈内没几天就有新开的门店，顾客会随劲头去新开的门店尝鲜。这样门店越开越多，顾客也喜欢追着新开的门店跑，对其他门店的人气就造成了分流，形成了一个循环。

但不管是哪一种原因，追究其最深层次的原因都是市场供需关系的变化，而身为门店经营者的我们，能够及时洞悉这种变化并且更改经营策略，才能够让门店发展得更好。

### 11.1.4　故事：双重夹击

在我的门店经营半年之后，城区中心一个较大的综合商圈开始了对外招商，紧接着陆陆续续出现了许多餐饮门店，原本我也想在那儿入手一家门店，但不是商场入场费和扣点太高，就是房租惊人，使得刚刚经营半年的我没有足够的资金和精力来应付。

随着综合商业圈的逐步完善，客流量也向其中聚拢，虹吸效应十分明显。而像我们这种存在于外围的商家，特别是餐饮门店，被吸走了大量的客流量，原先一些在门店周边的顾客，也会因为综合商圈内新开的门店而有一个尝新的过程。

除此之外，当年的社会经济压力明显加大，使得原本的顾客也都不得不降低了消费频次、消费单价，导致门店的营收下降。

在这两个问题的夹击之下，我的门店经历了一轮较快的人气下滑。

## 11.2　应对策略

人气下滑是我们不愿意看到的，但是如果真的发生了，我们该怎样来面对？怎样可以在第一时间知道呢？又该通过哪些方法来进行应对呢？

### 11.2.1　端正心态

前面我们也讲到过，心态在日常经营中的重要性，当门店运营较好的时候不能够沾沾自喜，从而忽略一些细节；或者不依靠数据分析，过度地以自己的想法为中心。

同样，在门店人气下滑的情况下，也会给人的心态造成比较大的影响。

可以想象，原本经营不错的门店，开着开着还没反应过来，营业额已经连续腰斩了，这时候作为门店经营者的你会怎么想？"怎么回事？""是不是哪里出问题了？"这时候就可能会产生一种恐慌，如果人气下降的时间持续很久，没有恢复的预期，那对于初次创业的人打击很大，会对自己产生怀疑，在这种心态下，就很容易因为焦急而做出错误的选择。

同时人气下滑对经营者及门店内的工作人员的心态也是会产生影响的。原本生意不错的时候，门店员工自身也会有一种自豪感，心理上会有一种感觉——门店的生意好和自己的努力是分不开的。但如果门店人气下滑，并且持续很长的时间，那么到最后门店员工很可能也会变得懒散，心不在焉。

所以，在门店人气下滑的过程中，不能够太过焦急，从而做出错误的判断。

### 11.2.2　分析经营人气下滑的方法

除了心态方面，在实际操作上我们应该怎样面对人气下滑呢？

**1. 结合数据**

首先我们需要及时知道，从什么时候开始人气已经下滑了，而这就需要我们长期的数据积累作为分析的支撑。

我们之前说过，数据的积累有经营日简表、月表，以及餐饮平台的后台数据等。

最明显的数据就是营业额。和往常相比，近一段时间的营业额数据连平均线也无法达到的时候，我们就要考虑是否存在人气下滑的可能性。

然后我们再结合同期的采购数据和利润数据进行详细的比较，如果都没有达到往常的平均线，那么可以初步确定存在门店人气下滑的情况。

而在餐饮平台软件上，我们可以看得更加直观一点，在软件的后台，可以看到每天门店的曝光量。如果曝光量持续减少，那么门店的人气肯定也进入了下滑期。

**2. 门店自查**

如果门店人气已经明显有所下滑，那就需要迅速筛查原因，首先要对门店自身的菜品品质、服务、卫生等问题进行自检。

我们可以观察一下近期经营的顾客投诉记录，当然前提是有记录投诉的方式，如果最近一段时间投诉超过以往的平均值，那就要引起我们的重视了。

然后我们需要对投诉的内容进行逐一分类，看一下顾客对门店哪些方面不是很满意，门店做得不够好的，就要对相应的内容进行改善。

如果门店日常的监管和品质把控一直做得比较好，那相信因为这个原因而导致门店下滑的概率就会下降很多，因为投诉率也是可以反映出一家门店的相对经营状况的。

#### 3. 询问顾客

与顾客投诉不同的是，主动询问顾客门店有哪些不足，能够取得更多的数据样本。虽然很多顾客不会因为一些细小的不满就去投诉，但小不满也会产生大问题。

我们可以从顾客的角度出发，主动询问和沟通，发现是否还有哪些方面存在不足，从而导致人气下滑。其中询问的对象也是很重要的一方面，所要着重选择的应该是消费频次减少的顾客，询问他们是不是门店内部因素导致他们减少到门店来消费的。

#### 4. 商圈内同行交流

作为同一个商圈的餐饮经营者，很大程度上也是"命运共同体"。当一个商圈比较繁荣的时候，其中的餐饮经营者都是受益的；反之，则都会受到一定的影响。所以想要了解人气下滑的原因和严重程度，与同一个商圈的餐饮经营者进行交流也是个不错的途径。

但是选择沟通对象的时候，需要在商圈内多找一些餐饮经营者，最好是不同的经营品类，当然也需要有和自身品类相同或相近的商家。此外，商圈的位置也要分布广一点，这样才更具有可参考性。

### 11.2.3　经营调整

当通过分析下滑的原因，了解到是哪些因素影响门店的人气之后，我们可以进行以下方面的调整。

#### 1. 活动营销变更

首先最简单的方法就是进行活动营销的变化，根据门店分析的结果，调整出一些具有针对性的活动。

**2. 产品革新**

人气下滑时可以进行新品的上架，用来吸引新顾客，以及让一些流失的老顾客回流，从而提高门店的人气，但是值得注意的是，门店的品类不能盲目增加，可以在现有品类当中进行深耕。

### 11.2.4 故事：我的调整

之前我们讲到，我的门店因为受到新开商圈及商业大环境的影响而渐渐下滑。这让我感到前所未有的挑战，有一段时间甚至连续创造着营业额的新低，当时我倍感焦急，那怎样来应付这种状况呢？

我能想到的是需要扩大店铺的曝光，于是花了一些成本在软件平台的广告上，但是从转化率来看，并不是很理想。

因为很大程度上，我定位的这个客群正在慢慢地收缩日常的开支，比如许多原来在门店还需要添加小菜的顾客，现在来消费可能只是点一份标准餐了，与此同时消费频次相较于之前也低了。

在这种情况下，我想到或许还是社群的转化更有效一些。于是，我针对社群会员，开放了一系列的福利和优惠，并且对于社群会员新推荐的会员，也能够享受很好的门店优惠，同时还推出了社群会员专享的门店产品。此外，我还在每个月都组织一次集体活动，让大家都能够有参与感，从而使得门店的人气能够稳定而持续。

经过一系列努力，总算不负所望，终于使门店的经营数据恢复到正常水平。虽然非社群会员的数量还是处于较低的水平，但是大部分老客已经加入了我们的社群，并且具有较好的黏度，从而把门店从下滑当中带了出来。

## 11.3 做好硬实力，靠口碑留客

不管是在我们面对困难的时候，还是在生意好的时候，始终还是要做好自身的门店品质，保证各项硬实力才是做一切营销活动的基础，也是为门店赢得口碑的根本。

### 11.3.1 产品是重中之重

在现在这个流量为王的社会中，有一部分人已经渐渐把产品本身看得越来越淡，认为只要把门店的曝光度做得足够高，流量吸引得足够多，就能够带来足够好的经营效果。

这种观点放在其他行业品类上或许是成立的，因为很多行业的产品，其价值高低，顾客一时之间无法进行区分，但放在餐饮上却不然。餐饮最贴近人们的生活，产品用心与否，顾客一眼就能看出来。如果仅仅是利用流量法则把没有经过用心制作的产品通过营销卖给顾客的话，那也是一锤子买卖，很难获得顾客的认可，更谈不上复购了。

比如有一些餐饮品牌初期依赖互联网流量来进行客源的开拓，虽然一开始风风火火，线上文案、流量活动眼花缭乱，热度一度很高，但之后产品本身一直没有提升，最后还是逃不过下滑的命运。

随着餐饮行业的发展，已经有越来越多的人将目光放到产品本身，让优质的产品成为餐饮门店的"基础标配"。

放在我们自身的门店当中也是一样，只有对自身门店产品不断地进行钻研、创新，打造属于自身的核心产品线，才能够让门店在其他方面有更好的发挥空间。

特别是在门店下滑期遇到困难的时候，产品的硬实力更是锁住回头客的基石，能够令门店在下滑的浪潮中尽量减少冲击，降低因门店自身产品品质下滑而影响人气的概率。

### 11.3.2　尝鲜顾客的回头

在门店人气下滑的周期当中，顾客因为其他门店新开业而去尝鲜的比例也是比较高的，那么这些顾客去其他门店之后是否就不会再回来了呢？

当然是否定的。尝鲜顾客的回头，最终取决于门店的各项硬实力。如果尝鲜的门店各项指标以及性价比都优于自身的门店，那么就很难再把顾客吸引回来。反之，门店自身保持着高水准的专业品质，哪怕顾客因为新鲜感而到其他门店去消费，但进行对比之后最终还是会选择回流的。

### 11.3.3　差异化的基础

对于中小型餐饮而言，想要把门店做得像大的连锁品牌一样各方面都比较优秀，同时有很高的体验度，那就存在一定的难度了。

我们也知道用户体验度对于门店而言是十分重要的，但是体验度体现在很多方面，大品牌餐饮在品牌认同感上可能是中小餐饮无法比拟的，但是我们如果抓住了重点，品质、服务、价格、卫生等硬实力到位，也能够给顾客带来很好的用餐体验。

而且只有在这个基础上，才能开展差异化服务，以此达到吸引顾客的目的。

### 11.3.4　故事：老店的魅力

我曾经在当地走访过很多餐饮老店，都是一些只有当地人和周围居民知道的小馆子。

在观察这些门店的过程当中，我发现了一些共通性。

首先，这些门店大多是老店，而且客群中相当大的占比都是回头客，有些甚至只做回头客的生意。

从表面上看，这些门店并没有什么特别，多数都没有豪华的环境，也没有花哨的噱头。但是当我真正尝过之后，就发现大多数的老店之所以能够存活这么长的时间，还是有一定道理的，那就是"货真价实，品质上乘"！

其次，老店对于产品品质、口味，有自己的追求，和现在很多新开的餐厅不同。我接触到的老店在经营的心态上都比较平和，并没有说想要迅速地扩大门店，在短期内吸引大量的人气，而是一直以来都比较踏实地把自身的产品经营好，用产品来打动顾客，对于营销的需求也比较低。

再者，经营得好的老店和回头客之间的状态，并不仅仅是顾客与店家这么简单，很多时候更像是朋友，常常会唠唠家常，这样的方式使得顾客更有亲切感，黏性自然而然会更高。

在现在的竞争中，想要做到和优秀的老店一样通过时间来积累口碑，并不是每一个餐饮创业者都能够做得来的，毕竟近些年各项成本都在攀升，而时间就是金钱。但是老店对品质的追求，对人与人之间关系的处理，以及踏实沉稳的经营心态，还是值得我们学习的。

# 第12章　外卖平台

还记得在几年以前,如果因为有事情或懒得出门想要叫一份外卖,是一件比较麻烦的事情,自己只能用商家发的点餐卡来进行电话订餐,而且很可能手边仅有的点餐卡上的品类并不是自己爱吃的,但也没有办法,想要点外卖只能打电话预订,而且送餐的速度也是时快时慢。

正是因为有这些痛点,各大资本合力催生了外卖平台,与此同时这也是颠覆传统餐饮行业的一种模式,它让餐饮商家统一入驻平台,并且能够实现顾客自主浏览与下单,令本地的外卖交易信息更加透明、便捷。

# 第12章 外卖平台

## 12.1 外卖平台简介

外卖平台给传统的餐饮行业带来巨大的挑战，但同时也带来了更多的机遇，因为随着懒人经济的发展，加上外卖平台的成熟，餐饮外卖的市场红利正在逐渐地释放，越来越多的人在就餐方式上会选择简单快捷地叫外卖，这也反推了餐饮行业外卖项目的发展，甚至出现越来越多专门从事外卖的门店。

那么外卖对于餐饮经营者而言是巨大的市场，我们该怎样利用好外卖平台的功能呢？

### 12.1.1 浅析外卖平台

现如今的外卖市场以及相应的外卖平台主要被美团或者饿了么占据，在之前或许有人还记得出现过"百度外卖"等众多其他外卖平台，并且曾经都推出过大量的补贴优惠活动来引导人们形成点外卖的习惯。有这么多资本争先恐后地进入外卖市场，就足以证明外卖市场这块蛋糕有多么丰盛。据统计，从外卖平台诞生之初就以平均每年接近40%的速度增长，高峰期更是惊人地达到70%以上，2018年外卖市场的产值已经超过了2 400亿元，并且还会稳步增高。

外卖为什么会崛起得这么快，让原有的餐饮消费格局被打破了呢？

**1.改变原有消费习惯**

外卖平台之所以能如此快速地崛起，是因为它抓住了餐饮消费中的一个痛点，即减少了顾客到商家的距离，让顾客不管在什么位置都能够在平台上找到自己想吃的东西，这是以往外卖叫餐无法比拟的，极大提高了顾客外卖点餐的可选择性。

此外，外卖平台的配送效率很高。原本通过店家自主配送需要一个小时左右才能送达的外卖，外卖平台通过数据整合加上骑手调配，一般情况下能在30~40分钟内将顾客所订的外卖送达，甚至更快。

而正是这两个因素，极大地改变了人们以往对外卖订餐的看法和自身的餐饮消费习惯，让接受外卖的人越来越多。

**2．潜力大**

我们的外卖市场刚刚起步不久，市场的渗透率还只在初级阶段，毕竟2018年2 400多亿元的外卖营业额相较于餐饮市场的总体量4万亿元来说只占到5%，所以潜力是巨大的，在初级阶段的爆发式增长也就不难理解了。

如今的外卖市场增长率虽然已经逐步变缓，但仍然是各行业中增长势头十分强劲的，因此身为餐饮创业者，对于外卖市场也是不得不考虑的。

### 12.2.2 外卖平台的规则逻辑

那么我们餐饮门店想要进入外卖平台，首先就要了解外卖平台本身的运营规则和逻辑。

**1．排名**

对于外卖的商家来说，影响销量最直接的一个因素就是商家在平台内的排名。

在平台排名越靠前的外卖门店，越能够获得流量推荐和活动补贴，当然订单数量也能随之升高。而能影响门店在平台上排名的因素是多种多样的，涉及线上门店的各个方面，但最重要的就是门店的评分和销量。

**2．平台活动**

因为从资本教育市场开始，就投入了大量的资金进行用户补贴，让用户形成了购买外卖必须有优惠的一种惯性思维，这也意味着餐饮门店商家在外卖平台上必须拿出一些福利给用户。

而这些活动一般分为两种：一种是根据门店自身情况制定的活动，另一种则是平台统一安排的、门店商家自愿参加的活动，通常这些活动会给商家带来额外的流量和曝光，作为活动的费用大部分是门店自身来承担的，剩余的小部分会根据门店的等级来确定补助的多少。

### 3. 扣点

在餐饮外卖平台最初推出的时候，是免费和我们中小餐饮商家合作的。但是，随着外卖平台的扩大以及认可度的提高，逐渐推出了向餐饮商家扣点收费的方法。

从一开始的5%逐渐增长到现在的20%～23%，并且对于扣点的方案也有一些值得注意的地方。

以美团为例，扣点分为三种：原价百分比扣点、折后百分比扣点和保底费用。美团的百分比扣点在17%~23%，根据是不是美团独家商家、区域政策等会有所不同。

原价百分比扣点的计算方式如图12-1所示。

图12-1　原价百分比扣点的计算方式

折后百分比扣点的计算方式如图12-2所示。

通常折后百分比扣点主要集中在一线和二线城市等平台直营的城市，而原价百分比扣点主要是在代理商的城市，其中三线及以下城市占多数。因为代理商也要赚钱，所以扣点自然比美团外卖自身管理的城市高一点。

图12-2　折后百分比扣点的计算方式

### 4. 保底费用

保底费用一般情况下是3.5~5.5元不等。不同代理商管理的区域政策也会有所不同，而保底费用的作用就是如果按抽成比例计算，少于保底费用的，那么还是会按照保底费用的额度来计算。

### 12.1.3 故事：初次接触外卖平台

外卖平台逐渐火爆起来之后，我也考虑成为外卖平台的商家之一，于是便联系了美团外卖和饿了么的客户经理，想让我自己的门店尽快上到外卖平台。

在上传完门店的菜单以及资质之后，也算能够正式进行外卖接单了。但是不知道为什么，一开始的几天，订单并没有多少，只是停留在个位数。

当然这时候我对于门店的排名，以及相关需要注意的东西都不是很了解，直到后来才通过慢慢摸索和询问，得出了一些经验。

## 12.2 外卖与堂食的不同

虽然我们登上了外卖平台，但是我们也要清楚，在经营方面，外卖与堂食是有不同的操作和标准的，当然我们这里先不讨论纯外卖门店。

### 12.2.1 经营策略

堂食与外卖，因为经营模式完全不同，所以在门店的策略方向上也有着一些差异。

#### 1. 堂食

对于门店堂食而言，因为厨房的效率与前厅的接待都存在"天花板"，所以经营的特征是高毛利、低单量，以此来保证较高的利润。

与此同时，堂食对于品质的要求更高，通常并不把出餐速度放在第一位来考量，因为能到门店来消费的顾客，所重视的必定是食材的新鲜、产品从厨房端出来之后所具备的一种"锅气"，以及相应的服务，很大程度上这只能是在门店里就餐才能体验到的。但正是因为如此，门店的厨房需要在品质的把控上花更多的心思和时间，这也是影响接单率的原因之一。

**2. 外卖**

对于外卖而言，其经营特征就是高单量、低毛利，正因为成本相较于堂食多出了平台的扣点，所以需要更多的单量来弥补，但也正因为没有了堂食的限制，外卖的边际成本相对较低，出单量和出单速度有更大的提升。

外卖在更大程度上追求的是速度，从顾客下单到外卖送到顾客手中有一个硬性的时间指标，根据地区不同，一般是在30~50分钟。

而在这个时间段内，需要完成商家对外卖订单的生产、打包，然后由骑手送到顾客手中这一连串的动作。

因此为了节省时间，在外卖的经营操作上，必定需要更多的半成品，或者提前准备好的成品。

### 12.2.2 客群差异

上面我们提到，来门店堂食的顾客更加注重的是门店的品质及服务，其实除此之外还有两点也有些区别。

**1. 消费半径**

来到门店堂食的顾客，大多数是门店周边半径一千米之内的人群，因为这样才能够较为便捷地到门店来就餐。

而平台外卖的消费半径则是在方圆三千米左右，这个范围是顾客所能接受的配送距离，因此在消费半径上外卖可覆盖的人数要远远超过堂食的消费人数。

**2. 回头客**

一个较为稳定的餐饮门店，堂食的回头率一般而言是要高于外卖回头率的，为什么呢？

因为堂食更具有体验感，同时通过服务和产品的把控，更能被顾客信任，从而产生门店的品牌价值，所产生的回头客也就更具有黏性。

而相较于外卖平台，顾客所能看到的只是门店的排名，以及门店的产品菜单。虽然门店的评论可以提供一定的辅助作用，但是无法在第一时间进行自主感知。因此很难有效地建立起门店的品牌认知度。

与此同时，外卖平台上的可选门店实在是太多了，人总有一种尝鲜的心理，一旦品尝过更好的菜品，那就很难再回流了。

### 12.2.3 定价区别

在定价方面，外卖平台与堂食也是不同的，很多人就有疑问了，同样的门店、同样的产品，为什么外卖平台上与堂食的价格会有区别呢？

其实这还涉及成本问题，同样是一家门店，如果堂食和外卖都做的话，那么外卖的成本必定会多出一些，包括平台扣点、平台活动支出、包装。

知道了这些因素，我们就可以进行平台的具体定价了，而定价的公式如图12-3所示。

图12-3 平台外卖菜品定价

例如：

门店的鱼香肉丝，菜品成本8元，堂食售价25元，预期利润17元。

外卖扣点为20%，活动自主支出8元（平台补助2元，共10元），包装2元，预期利润如果和堂食一样，那我们这样来定价试一试：

（8+17+8+2）÷（1-20%）=43.75元

可以看到，这里的外卖定价远远高出了堂食的定价，这样其实并不是理想的定价，顾客会很难接受。

所以在这个公式里面,"预期利润"是值得细究的。因为堂食给顾客的是新鲜、高品质且服务周到的用餐体验,所以预期利润的溢价必定会高一些。

而对于外卖来讲,菜品经过一定时间的密封保存之后,品质会有所下降,同时也不需要店内的用餐服务,所以外卖的预期利润是需要进行下调的。通常菜品的预期利润在5元左右(高端品类除外),不过也不用担心,平台外卖的优势就在于线上客群流量充足,对于门店而言是可以用外卖数量来补足的。

因此我们重新来定价上面的鱼香肉丝:

(8+5+8+2)÷(1-20%)=28.75元

只是比在堂食略微高出了3.75元,不会因为价格虚高而吓退顾客。

再来算一下顾客实际支付的金额(如图12-4所示)。

图12-4 菜品实际定价

28.75-10+2+5=25.75元

顾客实付价格与堂食相差无几,是比较合理的。

## 12.2.4 菜单区别

堂食的菜单可能更注重的是产品本身的描述,但是对于外卖而言,平台门店菜品质量的好坏就直接关系到用户的体验度了。

### 1. 图片

堂食的菜单可以没有图片,但是平台外卖的菜单要有,并且是高清美化过的图片,让顾客看到之后能够产生食欲,简简单单随便拍两张是不行的。

### 2. 排序

对于平台的门店菜单而言,菜品的销量在很大程度上和排序相关,需要将门店的招牌产品、销量较高的产品尽量排在菜单上靠前的位置。

### 3. 菜品规格、属性

堂食产品的规格可能只有一种，但是在外卖平台上，我们可以将规格拆分成两种及以上，例如大份、中份、小份，这样能尽可能地拓展顾客的需求，同时也可以给产品本身带来一些属性选择，例如冷、热、冰、加辣、不要葱。这些都能够在一定程度上提升顾客对外卖的评分。

### 12.2.5 故事：初步起航

我在初期阶段的外卖营业中，并没有掌握平台的规律，还是按照门店堂食的方法来经营，这就造成了订单量一直无法提升。与外卖平台的客户经理进行交流之后，我开始有了一些最初的概念。

于是我花了很大的功夫拍摄了产品的图片，并且进行了美化，把之前自己用手机拍摄的产品图全部更换掉，然后在菜单的产品细节描述上也花费了一些心思。在这个过程完成之后门店的订单有了一些提升，但还不是很明显，因为这时候外卖的定价还是比门店要高出许多，原因就是我的预期利润定得太高。

在对比过同行的数据之后，我把价格调整了下来，并且活动力度加大了一些，虽然预期利润下降了不少，但换来的是之后单量的稳步提升，当我的门店菜单产品、图片、定价、活动都达到同行水准之后，我的订单基本上开始呈上升的趋势。

## 12.3 外卖平台的注意事项

在外卖平台的经营过程中，有很多细节问题，可能一开始我们不会很关注，但实际上在经营当中也会有比较大的影响，所以我们必须注意。

### 12.3.1 新店特权

首先对于新开的外卖平台门店，平台方面都会给予一定的扶持，我们称之为新店特权，一般而言是给予7天左右的排名加权和大量流量的扶持。

这些政策对于新店而言非常重要，因为在强手如林的网店中，新店想要脱颖而出是非常困难的。只有充分利用好新店特权，才能够让门店在平台上有一席之地。

值得注意的是，其实并不建议门店刚一开始就使用新店特权，因为没有数据和评价积累的新店，即使通过新店特权吸引了大量的流量，也很可能达不到较高的转化率，因为没有顾客评价作为参考。

所以外卖平台门店刚开始的时候，首先需要进行的是订单数据以及好评的积累。尤其是门店的好评，直接关系到顾客的下单意愿和门店的评分数值及排名，所以初期我们在订单量不大的情况下，最好能够通过电话回访的形式，让顾客给予门店五星好评。

当门店的订单数据和好评达到一定数量之后，再开启平台授予的新店特权，这时候排名的上升及大量的流量进入门店，就能够产生更高的下单转化率。如果在这个新店特权期间，门店的销售数据一直很不错，那么排名就可能会较为靠前。

总体来说，新店特权更像是锦上添花，如果运用得好，可以给门店外卖带来决定性的转变。

### 12.3.2 评价管理

既然评价对门店的影响这么重要，那我们自然要非常重视，对它单独进行管理。

我们要知道通常情况下顾客是不在意评价回复的，哪怕我们的产品做得比较好，很大程度上顾客也不会主动地给予五星好评，但如果达不到预期的效果或者产品出了一些问题却会给出差评，这是我们需要注意的。

为了能够让顾客给予尽可能多的好评，我们可以通过一些方式来引导顾客，例如：可以在外面包装袋内放上一张写有 "要好评" 的软文文案的纸（现在已经有成品的小贴纸卖），既要让顾客感觉贴心，又能够达到促使顾客写下好评的效果，同时也可以根据顾客的好评给予返券（外卖平台有相应的营销措施），以此来鼓励顾客写好评论。此外，也不要忘记在顾客的评价下面进行友好的互动和回复，因为这会影响门店的排名。

如果顾客写了差评怎么办呢？通常一些处理方法可能是在差评下面进行回复，给予适当的解释和道歉，但是更恰当的处理方式就是电话回访，将事情的经过了解清楚，并且给予令顾客满意的解决办法，唯一的目的就是希望顾客能够删除差评，或者追加一个好评，以此来降低差评对门店的影响。

### 12.3.3 退款处理

在经营过程中还会遇到一种意外情况，就是顾客要求退款，一般这分为两种情况。第一种是在产品送出去之前，顾客就取消订单并要求退款，这时候门店大概还在进行订单的准备当中，所以建议给顾客及时退款。第二种是顾客已经收到产品了，但是由于产品的质量存在问题，产生了退款，并上传了照片，这种情况毋庸置疑必须退。

这里就有很多人要说了，我辛辛苦苦做了半天，就算没有把产品送出去，也做成了半成品，可能下一个就不能用了，为什么还要退呢？其实从顾客的角度出发，一定是真的有事情，不然是不会随意取消订单的，所以在这个时候我们门店也要多一些理解，这样才能够维护好顾客，否则一味追求眼前利益，到最后可能会损失更多！

另外值得注意的是退款方式，一般而言可以直接按照平台的政策进行退款，但是另一种更好的方式是先跟顾客取得联系，加微信，然后跟顾客协商通过微信的方式将钱退给顾客。但是这样的方法明明会亏损啊，怎么划得来呢？

其实如果顾客退单，对门店的权重也是会造成影响的，还不如直接通过微信等其他私下的方式，直接将钱转到顾客手中，而已经下的订单并不取消，让顾客帮忙打一个五星好评。通过这样的方式，既没有降低门店的权重，又收获了一个订单积累和一个好评，同时因为私下退款实时到账，避免了平台退款拖延时间，给顾客留下的印象也比较好，付出的成本仅仅是平台退款与私下退款的差价而已，其实是非常划算的。

### 12.3.4 爆单预期及处理

在经营过程中可能会遭遇爆单的情况，也就是在短时间内门店进入了大量的订单，本质上来说这一情况对门店是好的，但是如果处理不当，会造成一些不良的影响，比如因为订单数量太多而造成无法及时出单，或者相应的品质下降，都会让顾客的体验感下降。

因此，我们需要对当天的外卖情况进行预估，判断是否有可能出现爆单的情况，从而对产品原材料、半成品做相应的准备。

那么，哪些因素会造成外卖爆单呢？一般而言天气、节日、活动更改、门店推广、新店特权等，都有可能会带来爆单，所以需要时时关注相关的情况。

### 12.3.5 竞价排名使用

外卖平台由于排名非常重要，所以它的推广方案也不同于堂食，其中最主要也是效果比较好的，就是"竞价排名"，主要使用方法是通过竞价的原则来获得更高的平台排名，从而能够吸引更多的流量。

收费的方式，则是通过顾客点击来进行的，也就是说顾客点击进入门店浏览网页，就需要扣除一次推广的费用，而这一次点击的费用就是门店所出的竞价费。

关于竞价排名的费用，其实是有一些套路的，比如竞价最激烈的早餐与晚餐，可以将出价稍微放得高一点，以此来获得更高的排名，而竞争没有那么激烈的午餐与夜宵，则可以适当降低单次点击的出价，也能取得差不多的排名，以此来降低推广成本。

### 12.3.6　故事：评价的威力

我的外卖平台逐渐步入正轨之后，便将它的运营交给了专门的员工去管理，但因为该员工缺乏相应的管理经验，造成了之后一段时间，平台外卖业绩下滑。

至于具体的原因，是管理外卖的员工在接单的时候有好几次都没有注意到顾客的备注，还有几次是打包的产品因为包装方式的问题，在运输的过程中产生了破漏，从而带来了好几个差评。

而正是因为这些差评，把原本经营较好的门店评分一下子拉了下去，从而让门店的排名下降了很多，进入门店的流量也骤减，至此我才意识到，原来差评对于外卖门店的影响是如此大。

## 12.4　外卖包装

单独抽出一节来讲外卖的包装，是考虑到对于外卖而言，包装实在是太重要了，为什么这么说？

因为在顾客接到门店外卖的第一时间，看到的是外卖的包装，这也就是所谓的第一印象，如果包装第一眼就能够吸引住顾客，让顾客有一种眼前一亮的感觉，那么对于门店来说已经成功了一半，因为在潜意识当中顾客会通过包装来看待产品本身。如果这时候产品本身同样也具有较好的水准的话，那么一定会得到良好的反馈。反之，如果包装十分简陋，即使产品过得去，但只要出现一丝的纰漏，就有可能在顾客的心里被放大，从而提高差评的概率。所以，一家门店的外卖很可能因为包装的差异而影响销量。

### 12.4.1　包装设计

那么包装应该从哪些方面着手呢？

首先就是外卖的包装设计，良好的包装设计不光是包装本身靓丽，更需要结合产品的特性来组成包装。所以对于外卖的包装设计，我们看重的是以下这些。

1. 颜值美感

视觉上的美观当然是十分重要的，这就包括包装的颜色、外形、大小等。颜色的选择比较简单，选择与门店装修色调相近的底色就可以。至于外形大小，只需要根据门店的具体产品的形状特征进行实际的设计和购买就可以了。

2. 保温性

作为外卖很重要的一个方面，包装的保温性能也是值得花心思的。毕竟从产品出锅到到达顾客手中，可能会有几十分钟甚至一个小时的时间，怎样保证产品在这段时间内尽可能维持较高的温度呢？

通常来讲，这也需要根据产品的实际情况来定，毕竟每个产品的降温速度是不一样的。例如，汤类的保温性能可能本身就较好，对外卖包装的要求相对较低；而烧烤类的保温性能就很差，对包装保温的要求就很高了。

因此在进行包装设计的时候，也需要将产品本身的降温速度考虑进去，以此保证产品到达顾客手中能有较为合适的温度。

3. 运输保护

外卖经由平台的骑手小哥运输到顾客手中的途中，道路情况复杂多变，骑手小哥的操作也捉摸不定，所以各种意外的情况都有可能会导致产品的洒漏、破损等。在这里，我们需要在包装设计上考虑怎样通过包装来给产品增加额外的保护。

4. 保持口感

外卖毕竟出锅的时间久，无法达到堂食的口感效果，但是在包装上进行一些细节的设计，可以提升产品的口感体验。

例如：油炸类温度较高的产品，在包装时就可以在旁边开出小孔洞，进行水蒸气的散发，防止食物外壳的疲软；而汤面汤粉类的产品，则可以将汤底与面/粉分开（隔层）包装，这样就可以避免面/粉在汤中泡得过久而影响外观和口感。

5. 品牌输出

包装作为到达顾客手中的媒介，其实也可以是传递门店品牌的一个亮点，因此在包装设计上我们可以把门店的logo、标语、联系方式、二维码等信息印在上面。与此同时,最好是将外卖的一整套包装做成一个系列,配色、图形等都要与门店的装修风格统一,这样可以给门店树立更好的形象,逐渐在顾客心中形成品牌效应。

### 12.4.2 包装的材质

不同的外卖包装,必定会使用不同的材质,那么在外卖包装领域,都有哪些常用材料可以作为包装材质呢?

**1. 塑料**

塑料的包装是外卖用得最多的材质,它的优点就是购买方便,密封性和硬度良好,适用于大多数的外卖产品,但是并不环保,档次也不高。

**2. 纸质**

纸质包装应用广泛,有牛皮纸、卡纸等较为常用的包装材料,优点是能够印上各种图案,颜值较高,也较为环保,常被用于轻食、汉堡等品类,但缺点是很难盛装汤羹类的产品。

还有一种材质是使用纸浆制作的包装,它能够盛装汤羹类的产品,颜值也比较高,最关键的是环保,但缺点就是现阶段造价较高。

**3. 金属类**

金属类用得比较多的有锡纸盒与铝箔盒,其优点就是能够承受很高的温度,适用于高温产品的保温,比如烧烤、煲仔饭等,但是缺点是密封性不够好。

**4. 木质类**

还有一种是使用木片作为材料的包装,虽然档次是比较高的,常用来盛装寿司或者高档便当,但是也不太环保。

### 12.4.3 包装的成本控制

我们回过头来想一下,包装作为外卖产品都要用的配件,成本的投入长期累积之后也是比较大的,所以在包装上也要考虑到成本的控制。虽然外卖包装很重要,但是不能"为了包装而包装",而是需要根据门店的定位来决定包装的档次,同时包装的大小也需要根据产品的规格进行拟定,但是要尽量保持一个原则:能够放在一个包装盒的产品,尽量不分开,除非影响了产品的口感或用餐体验。

有些人可能会问,包装一定要自己设计吗?当然不是,如果现成的包装能够满足以上的一些需求,同时也能够将门店的logo、相应的信息印在上面,那么直接采购就可以了,毕竟现在的产业链也都很完善,常见的包装形式基本上都能够购买到。

### 12.4.4 故事:我的包装设计

我门店的外卖包装,是根据门店产品的情况直接购买的。

因为我主要的产品是精致的简餐,一般都是以单人或者多人套餐的形式,一个套餐中的产品数量相对比较多,因此我选择了分格较多的厚塑料包装盒,能够保证产品的密封性,毕竟在套餐当中有些菜品可能会带有汤汁。

同时对于包装袋进行选择,比如一开始选择的是塑料袋,但是后来感觉这与门店的定位不一致,显得太过于廉价。于是我在寻找的过程中,找到了牛皮纸材质的包装袋,能够更好地衬托出我门店的定位和经营理念,并且将我门店的logo与信息印在上面,看上去更加大气(如图12-5所示)。

图12-5 包装袋

虽然成本略微提升，但给顾客带来了更好的感官体验，许多顾客收到外卖之后都会发照片分享，我的目的也就达到了。

## 12.5 关于外卖平台的一些看法

外卖平台的发展，有着互联网和资本的加持。市场日新月异地不断变化着，在这个过程中，我们不仅要关注以往的数据，还须对未来的发展方向有一个预期。这里我们就来探讨一下身为门店店主该怎样做，以及外卖平台的一些操作。

### 12.5.1 平台发展趋势

从现在外卖平台各种更新可以看出来，不管是美团，还是饿了么，两大外卖餐饮平台都朝着"电商化"的方向发展。

什么意思呢？也就是说，经营外卖，不再像初期的时候，只要产品做得好，就能获得足够多的单量，而是将店铺流量入口分得越来越细，差评权重越来越高，这就需要门店外卖经营者有一定的互联网思维，同时具有较强的评论管理能力，这些都是与电商相通的。

最明显的方面要属产品标签细分与搜索。

最早，外卖店铺的产品只有图片、价格、规格、介绍等比较直观的展示，对于门店本身订单的影响并不是很直接。

而在现在的版本中，产品不仅有上述的详情信息，更为重要的是添加了产品的"标签"，包括主料、配料、口味、口感、制作方法等方面，而这样做的目的就是便于顾客更精准地搜索到可口的产品，变得更加人性化了。

例如，当顾客搜索"茄子"时，虽然菜品名称中不含"茄子"，但在菜品的商品标签中填写了"茄子"作为材料，那么菜品就能在搜索结果中出现，这就是获得额外流量的一个方法。

同时添加标签也能有助于顾客更清楚地了解菜品的特色和属性，提高了下单转化率。

所以外卖平台会朝着越来越精细化的方面发展，这一点是和电商非常相似的，但不同的是它又有餐饮的特性，是区域性的，并且需要长时间的经营和打磨，并不能靠单次的大型活动就取得决定性成功，这也是我们值得注意的。

### 12.5.2 紧跟平台政策和活动

作为门店自身，另一个十分关键的方面就是必须关注外卖平台的政策与活动。

平台的政策，往往是影响范围极广的，涉及的方面也越来越细，但是主要集中在食品安全、生产安全等方面。

例如，初期各大外卖平台的门店资质审核十分宽松。虽然原则上需要有营业地址、营业执照，但实际操作中很多店挂靠他人营业执照、虚拟地址营业的情况时有发生，甚至为了扩大市场范围，只要销量高，即使没有资质的"黑作坊"都能堂而皇之地进入平台进行销售，进而对食品安全问题造成了很大的隐患。

之后经过几次大的管理改进和整治，如今的门店资质审核已经严格了很多，不仅需要营业执照与地址统一，还需要相应的营业资质（食品经营许可证/食品流通许可证）。所以在这之后想要从事餐饮或者单独从事外卖，必须先经过有关部门的审核，达到要求之后才能正常上线。

站在门店的角度，我们就要及时洞悉平台的政策方向，虽然政策越来越严格，但对于门店能够长久地、更良好地经营是有好处的，当然站在顾客的角度，这也是门店必须要达到的。

外卖平台的日常活动，也是门店必须参加的，虽然活动可能会花费较大的成本，但是能为门店带来更大的外卖流量，单量会得到很大的提升。

### 12.5.3 商家如何应对？

如今外卖市场越来越大，占餐饮门店的营业额比重也在不断上升，那么在这个背景下，门店应该以怎样的方式来面对外卖的发展呢？

**1. 外卖区域独立**

初期，外卖在门店营业额中占比不大的情况下，一般只是附带打包及相应的操作，因为对堂食没有太大的影响。但是，一旦当外卖订单达到一定的数量和比重之后，就需要考虑对外卖的操作流程和区域重新分配，并且设置专门的操作人员，让外卖区域、厨房区域和前厅区域区分开来。

因为外卖在操作步骤上比堂食会复杂一些，涉及订单接取、制作、打包、打包订单的摆放以及平台配送人员的进出，有时候还需要与订单顾客进行协商，所以一旦订单数量较大，可能会导致门店厨房原有的操作流程产生问题。因此，独立的外卖操作区域更有利于效率的提升。

**2. 拓展额外外卖渠道**

随着平台外卖市场的成熟、竞争的加剧，在平台上获得流量的成本也不断提高，与此同时平台方也有随时增加扣点的可能。

身为中小餐饮门店，在经营好平台外卖的同时，也要拓展额外的外卖渠道，例如我们前面讲到的利用微信进行社群营销，又或者通过团餐合作等其他方式，目的主要就是避免平台高额的扣点与不断提高的流量成本，以及减少受到平台政策的冲击。

### 12.5.4 故事：厨房改造

运营一段时间之后，我在外卖平台的订单多了起来，光是打包就占据了厨房很大一部分的人员操作。在用餐的高峰期，堂食订单与外卖订单混杂在一起，有时候拿单的平台配送人员也会来询问订单的进程，多种因素加起来，就使得厨房人员手忙脚乱，有几次堂食的客人还投诉了，于是我认识到必须把外卖单独分开。

至于改造的方式，则是将靠近厨房后门的位置独立开来，配置上外卖所用的接单设备、打包用具，以及打包好之后进行摆放的货架，并且在货架上根据订单尾号编号，让平台配送人员能更快地找到订单并取走，同时让一个工作人员专职在这个操作间进行外卖的操作。这样一来，除了制作这一流程仍然在厨房中进行，其他的流程都独立开来，有专门的区域进行操作了。

经过简单的改造之后，让原本混杂在一起的操作流程变得更加清晰分明，工作的效率也提高了，减少了出现错误的概率，我的目的也就达到了。

# 第13章 走得更高更远

餐饮这一行业,从来都不是开始顺利就一定能够一直持续下去,想要保持高人气,就需要我们的餐饮创业者能够保持初心、持之以恒,并且不断地创新,才能够走得更高更远。

# 13.1 要有做百年老店的理想

餐饮行业现在的趋势是门店的生命周期越来越短,昙花一现的门店越来越多,这与餐饮行业越来越激烈的竞争,以及门店顾客日益挑剔和快餐化的消费观念是密不可分的。

作为餐饮创业者,一方面要适应这种消费观念的变化,以至于不被市场所淘汰;另一方面站在中小门店经营者的角度上,并不能被这种过于浮躁的心态所影响。如果你是一个对餐饮有热情,热爱并愿意全身心投入餐饮行业的经营者,那么就要有将自己的产品和经营理念一直传承下去的信念,甚至要有成为"百年老店"的理想。

## 13.1.1 成为"百年老店"的因素

这里我们所说的要成为"百年老店",并不是说一定要做满一百年,更多的是经营者要有这样的一种长时间投身于餐饮的心态与信念,然后通过信念来影响身边的员工。

那么有哪些因素影响门店是否能够达到"百年老店"的高度呢?

**1. 初心**

"不忘初心,方得始终。"

在创立餐饮门店之初,我们就得问自己,创立门店的目的是什么,是为了挣钱吗?那是肯定的。但是除此之外,有没有哪些东西是值得我们餐饮人去付出我们的热情、去花时间坚守的?是让周围的人群得到方便实惠,还是真正地想在餐饮业中做出一番事业,让同行业和身边的人都觉得自己是足够优秀的?

而这些除去挣钱以外的目的，往往也是能让门店有更长生命力的原因之一，也就是我们所谓的"初心"。

但是在经营的过程中，时间越长，就越可能离我们原本最初的坚持越远，以至于慢慢地忘记了当初为什么会开设这样一家门店，最初的热情也很可能会被琐碎冲淡，变得只关注门店眼前的营业额以及利益。失去了"初心"的门店，就失去了"灵魂"，这也是我们不愿意看到的。

许多能成为"百年老店"的门店，也正因为坚守住了最开始创立时的"初心"，同时也让顾客知道这份坚持和信念，令时间给予门店回报。

**2. 传承**

当一家门店经营的时间足够长，有大量稳定的回头客的时候，站在顾客的角度是希望这家门店一直长久经营下去的。

有些顾客是门店忠实的粉丝，这些元老级的顾客对于门店不仅仅是消费者这么简单，更多的是对门店的一种深深的认可。

而作为门店，正是因为有了这么多认可门店、支持门店的顾客，所以需要把门店优秀的口味、贴心的服务等诸多被顾客认同的优点一直保持下去，甚至当第一代创始人已经无法继续从事门店工作的时候，作为接任者也需要继续保持上一代的优良作风，让老顾客能够继续体验到和从前一样的产品和服务。

在经历了一代又一代的传承之后，从初代开始形成的门店作风和产品味道会被定型，会在人们的记忆中形成符号，最终会化为一段门店的文化历史，这也就是"传承"的最终意义。

## 13.1.2 拒绝浮躁

如今的社会节奏变得越来越快，人们变得越来越浮躁，时时刻刻都在面对各种各样的诱惑，可能今天看到别人买了车，明天又看到谁买了房，这时候自己内心的第一想法往往是希望能够快速地赚到钱，跟他们一样。于是，凡事都把利益放到了首位。

在这种背景下，很多想要进入餐饮行业的人就会想，要不要赚一波快钱就走？例如跟风加盟一个网红品牌，趁着品牌人气旺的时候收割一波粉丝。

但是这样做有很大的风险，浮躁的心态造就了浮躁的风气，网红的餐饮品牌通常也十分"短命"，一旦品牌过气，那么被"收割"的就是自己了。最明显的案例就是曾经火爆全抖音的"答案"茶与"泡面小食堂"了，在他们红火的时候几乎每天都能在抖音上看到关于他们的信息，但是如今已经彻底"凉凉"了，有些门店甚至没撑几个月，就宣布倒闭，成为网红反面案例。

当整个大环境都变得过于"快餐化"的时候，其实作为餐饮从业者的我们，更加应该沉下心来，把重心放在产品本身以及服务上，而不是仅仅放出一些"噱头"，却毫无产品内容。只有将产品的内容与服务都做得足够好，在顾客心目中烙上足够深的印记，门店才能够在这个浮躁的风气中长久地存活。

### 13.1.3　匠心独具

也许会有人认为"匠心"二字和餐饮没有太大的关系，而应该是用在更加具有工艺美的地方，但其实在餐饮上有许多能体现出匠心的地方。

首先对餐饮的热爱也是匠心的一种体现，正因为热爱，所以能够坚持做同一件事情很多年，并且对它有敬畏之心，并不单纯是把这件事当作赚钱的工具，而是在这个过程中加入了仪式感，在经过长时间不断打磨之后，我们会对产品本身和自我的内心有更加深刻的理解。

### 13.1.4　故事：一份鸡柳坚持 20 年

在我门店的隔壁有这样一家店，门店不大，只有两间，卖的主要是炸鸡柳等一些小吃，而店主是一位和蔼的老阿姨，在我还是小学生的时候她就开了这家店，每天附近学校放学的时候，她的店都会被围得水泄不通。不知不觉这家店已经开了 20 多年。

有一次我和店主聊天，说我学生时代在这里尝过她家的鸡柳，老阿姨笑着说时间过得很快，曾经她的孩子也在附近读书，现在一晃也跟我差不多大了。我问她当初怎么选择在这里卖鸡柳，她说一开始是因为自家孩子喜欢吃才做的，慢慢地，带到学校的鸡柳在同学中出了名，总有同学托她孩子来买，干脆就开了这家店，又加了其他孩子们爱吃的小吃。

时光荏苒，老阿姨对待产品的态度没有变，对待每一位顾客和孩子都像是自己的家人、朋友一样，这种保持不变的味道和形象在人们的心中扎下了根，现在许多顾客和当年的我一样，从小学时就常来吃，还有一些甚至带上自己的孩子来品尝。

我问老阿姨，经营餐饮小吃挺辛苦的，打算做到什么时候。老阿姨说只要身体硬朗就一直做下去，因为看到孩子们吃鸡柳时脸上洋溢着的笑容，是她最大的享受。

## 13.2　多出去走走看看

虽然对于门店我们推崇的是把一件事做好，做到极致，打造出匠心，但是在这个过程中并不是一直留守于门店中，整天在门店当中很容易产生闭门造车的后果，会失去一些外界新鲜的信息及流行趋势，所以想要把门店打造得更好，我们不但要打造出匠心，还要多到外面去走一走、看一看，了解当下的潮流。

### 13.2.1　擅于观察

作为餐饮创业者，需要不断地积累经验，而这种经验不仅仅是从自己的门店日常经营当中得来的，更可以是从其他地方、其他门店的观察当中得来的。

所以我们对门店的打造，不仅要依靠自身的经验，还要借助他人成功或者失败的经验，为我们的门店经营找到一些新的思路或者避免一些弯路。

这样我们就需要时常跟外界"沟通"，可以抽出一些时间到其他同品类竞争门店去进行探访，也可以跨品类地去其他门店看一看。

**1. 到各地知名门店进行考察**

我们想要把门店打造得足够出色，就不能局限于本地市场，还要到周边各地去看看相同或相近品类的门店，最好是在当地有一定知名度和品牌特色的门店，这样就可以通过观察，了解别人的门店在哪些方面比我们做得更好。

观察的重点，首先当然是看别人的产品和门店定位，如果有一家门店的定位与自家门店比较一致，同时也是生意非常不错的门店，那么就需要对这家门店进行重点观察和分析，也可以与店主深入探讨、交流。

**2. 考察门店的优势与劣势**

对于考察对象的餐饮门店，我们需要对它们进行一些优势和劣势的分析，一般可以从产品、价格、服务细节、环境、经营模式等多方面来看。

首先，要对产品进行分析，包括色、香、味，以及食材搭配、原料新鲜程度等。而在这个过程中也要拿出自身门店的产品和它进行对比，看看从产品上来讲双方各有哪些优势和劣势。

其次，对于服务细节，要留心整个服务流程，得到的服务体验是怎样的，与自己的门店相比有哪些不同的地方，是否有哪些可以拿来借鉴和升级。

在环境方面，也要从整体的色彩、灯光、音效及软装的搭配效果着手，看看是否与门店的定位以及目标人群相匹配，并且和自己的门店再做个比较，看看哪里做得不够好，需要改善。

最后，关于经营模式，每家店可能都不太一样，我们可以跟考察的店主（或店长）进行交流和沟通，这也是提高门店工作效率的方法。

## 13.2.2 要有创新意识

在了解到其他门店的成功案例或者突出优势之后，我们自身的门店也要不断地进行改进和创新。

当然这并不是指抛弃门店原有的口味或者服务，而是指在保持原有口味及特色上，引入其他门店的成功经验。

### 1. 以产品为核心

我们所说的创新的核心，须放在产品上，毕竟一家餐饮店只有把吃的东西做好，才能够算真正合格。

值得注意的是，学来的东西不能原搬照抄，而是需要根据我们本地的市场口味以及门店受众，进一步优化。

例如，在考察过程中，我发现龙利鱼原料的单品十分适合自己门店，而在相似品类的门店里有成功应用的案例，把它做成水煮鱼。

那么直接拿来用，虽然也可以，但是更好的方法是结合自己门店的顾客喜好进一步研发，例如门店的受众比较多的是带着孩子来吃饭的"宝妈"，龙利鱼没有刺的特性十分适合，但是水煮鱼偏辣的做法就不合适了，这时候就必须重新对龙利鱼这种食材与受众综合考虑，开发新的烹饪方法，而"番茄龙利鱼"就会是不错的选择。

当然一味通过模仿来作为创新的道路，对于餐饮来说并不会非常有特色，所以当门店积累了一定的经验和技术之后，也可以自己进行尝试，创出新的单品、口味、吃法等。

### 2. 以市场需求为导向

不管是哪种产品创新的方式，始终还是要以市场需求为导向，不能为了"创新"而创新，也要多出去看看，了解顾客群体的需求，因为即使是同一顾客群体，在不同的时间段、季节，需求也是会随外部环境的变化而发生变化的。

所以在每次推出新品之前，我们都可以先进行一轮针对自己主要顾客群体的调查，特别是在换季、大型节假日或者出现明显的消费热点的时候，都可以采用我们之前的问卷调查法或者其他方式。

同时新产品的出现叠加上消费热点，以及特殊的时间点，往往也需要门店的活动来促进，这样一来就能够让门店创新的产品更好地呈现在顾客的面前，获得更多的关注。

### 13.2.3 故事：同行的崛起

在我的门店经营了几个月之后，我决定带着我们的厨师团队出去看看相同定位的门店。

我首先选择了在同城范围内，令我惊讶的是，当初我选择精致简餐，很大一个原因是同城做的人比较少，而在短短的几个月中，就已经出现了好几家与我的客群定位相似、产品有些相仿的门店。这让我感受到了压力。

当我和团队到同城几家客群定位相似的餐饮门店进行消费的时候，就发现他们的产品有一些做得比我们更好的地方。

有一家门店，他们知道我们的定位偏向于中式精致定食，就做了一些差异化的调整，选择了更偏向于日式的精致定食套餐。店内整体的装修风格，包括服务的礼仪也更偏向于日式风格，让顾客在就餐的时候能够体验到足够的新鲜感。同时他们在产品的细节把控方面也比我的门店更好，特别是对于餐盘的装饰和摆放，很多时候我的门店会由于订单繁忙而降低了对于细节装饰的要求，使得顾客在视觉上的体验有所下降。经过对比，我发现还是有很多值得提升的地方。

另外还有一家门店，做的定食也非常不错，门店内整体的氛围营造得非常好，包括柔和的音乐、清新的绿植，以及简约的装修风格，配合上他们偏西式的定食套餐以及其他的轻餐，如沙拉、意大利面等，也让顾客的体验十分好。

通过对这些同城竞争对手的观察，我发现他们的性价比也做得十分不错，这也给我造成了很大的压力，但是通过对他们的分析，也让我和团队有了不少的收获。

与此同时我也在门店进行了新的一轮问卷调查，希望能在客群当中筛选出对于创新菜品有用的信息。

之后，我便让厨师团队动手，在原有主打产品的基础上，配合问卷的内容，打造新的菜品搭配，并且强调细节处的摆盘及装饰一定要把控好。

我暗自思考，仅仅几个月没对市场进行全面的了解，就出现了许多具有很强竞争力的对手，以后必须经常出去看看。

## 13.3 保持商业嗅觉

"商业嗅觉"是我们得听较多的一个词语，之所以经常提起，是因为这于各行各业的生意人，都是十分重要的技能。

拥有良好的商业嗅觉，往往能够更早地捕捉到行业的消费热点，也能够快速地对一个商区或者铺位进行综合性的分析，从而做出准确的判断。

但是商业嗅觉并不是一蹴而就的，虽然有一定的天赋成分，但更需要大量的经验积累，也就是要通过大量的前沿信息学习以及门店案例考察进行提升。并且商业嗅觉也和我们普通学习一样，有一个用进废退的过程，所以要不断地进行巩固学习。我们这里就来粗略地讨论一下如何提升自己的商业嗅觉。

### 13.3.1 观察 / 考察消费热点

提升自己的商业嗅觉首先就要学会找到市场的消费热点，而对于消费热点，我们可以从两方面着手：一是在线下，对其他餐饮门店进行观察；二是在线上，可以通过网络进行各种热点信息的收集。

我们要了解一下消费热点，在餐饮方面，如果在同一城市区域内，在较短时间之内出现多家同一品类的餐饮门店，那么这一品类很可能会成为消费热点。又或者是在不同城市区域的各大商圈内，短时间内出现了相同品类的门店，那么这种品类也很有可能会成为消费热点。

我们在进行热点观察的时候并不是漫无目的的，推荐的方式是，对同一个热点品类的不同餐饮门店进行较长时间的观察或者定期考察。在考察的过程中也要观察这个热点品类的流行程度和扩张速度。这怎么做呢？可以从较大的城市往较小的城市进行考察。

那么，为什么要从大中型城市开始呢？因为就餐饮而言，一般会存在一个消费热点或者流行热度的时间差，也就是说当一个餐饮的热点被引爆之后，首先被广泛流传，并且热点真正落地，最早成为实体店或者大规模扩张的，一般都是在大中型城市。三、四线及县城级别的城市会等大中型城市的热点达到一定程度之后，有了成熟的案例再传递进去。

又或者说，一个餐饮热点是通过网络进行爆发的，那么首先进行落地的，往往也肯定是大中型城市的一些餐饮商家，因为这些城市有着更多的资源。

当网上的餐饮热点在大中型城市已经有足够的热度时，可能在三线及以下的城市才刚刚兴起，比如铁锹海鲜、榴梿芝士饼等在网上已经比较红火的餐饮热点，在我所在的城市是过了几个月之后才出现的，作为餐饮经营者的我们，要早于本地市场了解到这些餐饮热点。

那怎样在线上捕捉餐饮热点呢？首选是可以通过社交网络上各种美食推荐账号进行收集。当不同的账号都在推荐同一样餐饮品类或者产品的时候，就有可能会是一个接下来比较流行的参与热点，当然也会有广告的可能性，需要注意区分。

同时，不单是美食专门账号，当网络上众多的人都在转发、推荐同一样餐饮品类或食品的时候，这一品类就可能会成为消费热点。

在观察的过程中，我们要不断进行总结、归纳，学会发现不同的餐饮消费热点都与哪些因素存在着哪些联系。

当观察过许多轮热点消费的餐饮品类或者做法之后，就会对这些因素有大体的判断和预估了，也就有一定的洞察力和商业嗅觉了。

## 13.3.2 预估门店经营

在具备了一定的洞察力以及餐饮方面的基础知识之后，可以通过对其他门店进行生命周期的预估来判断自己的商业嗅觉是否准确。

举个例子：我们可以对一家新开的餐饮门店进行一次尝试，从它的选址、定位、门头、产品、环境、服务、价格、活动、经营模式等诸多方面给予评价，对于是持续存活还是在一定时间内倒闭给出自己的看法。

一段时间之后,再到这家门店看看,如果现在的经营状况和当初自己评价的一致或相近,那么证明自己的评价是正确的;如果与自己的评价不一致,那么也需要找出当初是哪些方面的评价不正确,造成判断错误,然后再次进行综合的评价。

不断地对各种各样的餐饮门店进行评价和预估,并且也通过他们的实际经营,得到相应的结果反馈,我们就能够在这个过程中积累足够的经验,从而明确我们的判断,最终提升自身的商业嗅觉和敏感度。

### 13.3.3 故事:创业之前

其实我能够在当地创立"美食日记"精致中式定食,很大程度上也依赖于之前跑了很多地方,包括在上海、杭州等大中型城市,考察了许多这方面的餐饮品类和门店。

当我看到一类的餐饮门店在大中型城市的商业区以及住宅区越来越受欢迎的时候,就隐隐约约感觉到这可能会是快餐类的一个消费热点。

为什么这么说呢?因为传统的中式快餐十分粗放,虽然在价格上拥有一定的优势,但是满足不了越来越多的人对产品品质以及服务内容提升的需求。同时顾客对于价格的敏感度逐步降低,这就是我们常说的"消费升级"。

同时我也通过网络对这一品类的门店进行信息收集,发现人们对这一品类的门店还是比较推荐的,特别是在年轻学生以及白领当中收到的好评很多。

在我捕捉到这些信息之后,就考虑着手中式精致定食,这就是我回当地开店的主要方向。

## 13.4 有一颗积极进取的心

最后想跟大家说的是:不管是不是从事餐饮行业,我们都要保持一颗积极进取的心。

不管是顺境也好，逆境也罢，都要保持一种积极向上的心态，这对于我们每个人而言都是非常重要的，特别是对于希望把餐饮行业作为事业的人，难免会遇到困难，但还是希望你不要轻易放弃。

## 13.4.1　学会调整

在餐饮创业的道路上，如果遇到了一些难以跨越的困难，造成了事业上和情绪上的低谷，这是容易理解的，毕竟一帆风顺的道路十分罕见。

在面对这些困难的时候，我们也需要接受自己情绪上、心态上的一些低谷，不要太过于苛责自己。我们常常说要保持心态平稳，在因为某些困难而导致一时间无法调整情绪的时候，那不妨就先停一停，适当地放松和调整，反而会更好。

## 13.4.2　逆境使人成熟

如果门店的经营过程中，真的碰到了十分棘手的情况，令我们陷入了十分被动的逆境，可能有些人会第一时间选择放弃。

不能说这种选择是错误的，因为对于他们来说，可能这是一种及时止损的方式，选择放弃是为了避免产生更大的损失。

但是，如果在你的心中真的有一团火，一直热爱着餐饮行业，希望为餐饮行业做出自己的一些努力，并且保有一颗积极进取的心，那么在逆境当中的坚持将会给你带来更深层次的洗礼。

比如原来你的性格比较内向，不善与人沟通，但是在逆境中，你不得不去寻找更多的机会，去和更多的人沟通，从而也会增加更多的经验和人脉。

## 13.4.3　有计划，不拖沓

我们嘴上说着要积极进取，那就必须拿出实际行动来。

首先就是做事要有计划，要把自己的时间充分利用起来，不能总是拖拖拉拉。现在许多人有严重的拖延症,喜欢把事情压在最后不得不处理的时候再去做,美其名曰"用最高的效率"处理事务,但其实这样处理事情的质量是得不到保证的,所以还是要通过一个完整的计划,按部就班做事才更好。

  值得注意的是,计划也要"适度",不能把目标定得过高或者过远,使自己无法达到,这样的计划反而会成为自身的负担,给自己造成压力。所以还是要从实际出发,这样才能够一步一步地积累,让自己变得对事业更有信心、更加积极。

# 结束语

门槛低，造就了餐饮行业的多样性和复杂性，同时也成为这几年实体行业受到冲击下的"避风港"，但殊不知餐饮与其他行业一样，都是大浪淘沙的行业，想要在这当中闯出一片天地，真的很不容易。

特别是中小餐饮门店，许多店就是由失业人员、大学毕业生、年轻夫妻为主开起来的，而在这种情况下进行初次餐饮创业的人，大都缺乏系统性的基础理论知识和相应的经验。而本书对以往的实践进行压缩和凝练，内容大致覆盖了一家餐饮门店从初始计划到实际经营当中涉及的过程和一些问题，希望能够为中小餐饮创业者提供一些帮助，使其经营更加顺利。

同时，对于已经成为餐饮经营者的同行，希望也能够通过书中分享的一些经验和故事得到一些启发，令其经营更上一层楼。